FACULTÉ DE DROIT DE PARIS.

THÈSE

POUR

LE DOCTORAT

SOUTENUE

PAR GEORGES SCELLE

Avocat à la Cour Impériale de Paris

PARIS,

CHARLES DE MOURGUES FRÈRES, SUCCESSEURS DE VINCHON,

Imprimeurs-Éditeurs de la Faculté de Droit de Paris,

RUE JEAN-JACQUES ROUSSEAU, 8.

1866

DROIT ROMAIN :

DES FIDÉICOMMIS.

DROIT FRANÇAIS :

DES SUBSTITUTIONS FIDÉICOMMISSAIRES.

THÈSE POUR LE DOCTORAT

SOUTENUE

le Mercredi 22 Août 1866, à 3 heures,

Par Georges SCELLE,

AVOCAT A LA COUR IMPÉRIALE,

En présence de M. l'Inspecteur général Ch. GIRAUD,

Président : **M. MACHELARD,** Professeur,

SUFFRAGANTS :
- **MM. VALETTE,**
- **BONNIER,** } Professeurs.
- **COLMET DE SANTERRE,**
- **DESJARDINS,** Agrégé.

Le Candidat répondra, en outre, aux questions qui lui seront faites sur les autres matières de l'enseignement.

PARIS,

CHARLES DE MOURGUES FRÈRES,

IMPRIMEURS—ÉDITEURS DE LA FACULTÉ DE DROIT DE PARIS,

Rue J.-J. Rousseau, 8.

1866.

A LA MÉMOIRE DE MON GRAND-PÈRE

PIERRE-FRANÇOIS DELALANDE.

A MON PÈRE, A MA MÈRE.

A MES AMIS.

DROIT ROMAIN.

DES FIDÉICOMMIS.

(Institutes, liv. 2, tit. 23 et 24. — Digeste, liv. 36, tit. 1. — Code, liv. 6,
tit. 42-49. — Novelles 39, 108.)

PRÉLIMINAIRES HISTORIQUES.

Le Romain qui voulait disposer de son bien, pour le temps où il aurait cessé d'exister, le pouvait faire par testament. L'institution d'héritier créait un ou plusieurs successeurs à sa personne, investis de l'universalité de ses biens ; les legs faisaient parvenir à ceux qu'il avait choisis certaines libéralités qui, devant se prendre sur la masse héréditaire, portaient le nom de *delibatio hereditatis*.

Mais on ne pouvait ainsi faire parvenir soit l'hérédité,

soit un legs, qu'à ceux qui avaient, avec le testateur, la *factio testamenti*. Même parmi ceux-là, il en était qui ne pouvaient en aucune façon profiter de la disposition faite en leur faveur; d'autres qui n'en pouvaient profiter que pour partie, parce qu'ils s'étaient vu, ceux-ci, restreindre, ceux-là, enlever le *jus capiendi*.

Les pérégrins, les femmes, les célibataires, les citoyens sans enfants, fournissaient autant d'exemples de ces incapacités complètes ou partielles.

Or on comprend qu'il dut souvent arriver que les sympathies de celui qui disposait de son bien le portassent à vouloir précisément en gratifier une de ces personnes. De là un obstacle à tourner, et voici comment on s'y prit.

On imagina de choisir un citoyen capable en droit civil, dans lequel on eut pleine confiance. On le fit son héritier, puis, lui indiquant l'individu à qui l'on voulait en définitive voir parvenir sa fortune, on le chargea de la lui restituer. L'héritier devint un prête-nom, ce que notre Code civil appelle maintenant une personne interposée.

Telle fut l'origine de ces dispositions que l'on nomma, nous voyons pourquoi maintenant, *fidéicommis*.

On désignait par le nom de *fiduciaire* celui qui était chargé de rendre; de *fidéicommissaire*, celui à qui la restitution devait être faite.

Les fidéicommis firent fortune, et, dès le temps de Cicéron, ils étaient extrêmement répandus. Cependant aucune sanction juridique ne garantissait au disposant que ses dernières volontés seraient exécutées, et la précaution par lui prise de faire prêter serment à ceux qu'il chargeait de ce mandat, n'empêchait pas toujours les fiduciaires de mauvaise foi de se prévaloir de la rigueur du droit civil, pour se dispenser d'accomplir ce qu'un honnête homme eût regardé comme un devoir.

Ce fut Auguste qui, voyant la faveur dont jouissaient les fidéicommis, donna le premier l'ordre aux consuls d'interposer leur autorité pour faire cesser les scandales produits par ces manquements de foi. Comme cette mesure parut juste et fut populaire, cette intervention spéciale et accidentelle se convertit bientôt en une juridiction permanente et extraordinaire, confiée à un préteur, qui, de ses fonctions, tira le nom de *prœtor fideicommissarius*.

Il se produisit encore, sous Auguste, un autre fait dont le rapport avec la matière qui nous occupe est trop intime, pour que nous n'en disions pas au moins un mot en passant. Nous voulons parler de la force obligatoire donnée aux codicilles.

Le testament romain était un acte solennel soumis à nombre de formalités rigoureuses, dont l'inobservation entraînait la nullité de l'acte même. Il fallait, par exemple, que sept témoins, citoyens romains, intervinssent à sa confection. Si nous supposons un citoyen romain en pays étranger et voulant tester, il lui sera bien difficile, souvent même impossible, de réunir un tel nombre de citoyens. Il sera donc alors réduit à déposer ses dernières volontés en un écrit privé, n'ayant aucun caractère obligatoire, et à les confier à la foi de son héritier légitime, ou de celui qu'il avait, dans un testament antérieur, institué héritier ou fait légataire.

L'utilité évidente de ce mode d'agir avait, dès l'époque

d'Auguste, rendu les codicilles excessivement nombreux, et ce prince lui-même s'était empressé de s'acquitter de ceux dont Lucius Lentulus lui avait confié l'exécution. Cet exemple trouva des imitateurs, et Auguste, sur l'avis de Trébatien, rendit obligatoires les dispositions contenues dans les codicilles, dispositions qui n'étaient autre chose que des fidéicommis.

Voici donc une seconde source de fidéicommis, qui semblent, ceux-ci, plus légitimes que les premiers, puisqu'ils répondent à un véritable besoin, et n'ont pas pour but de faire pièce aux prohibitions du droit civil.

Du reste, cette espèce d'anomalie consistant en ceci, qu'on pouvait, par la voie indirecte du fidéicommis, éluder les prohibitions législatives qu'on eût été forcé de respecter en disposant sous forme de legs ou d'institution d'héritier, et qui n'allait à rien moins qu'à ruiner l'autorité du droit civil, ne tarda pas à disparaître. Sous le rapport de la capacité passive (quant à la capacité active, il n'avait jamais fait doute qu'elle ne dût exister, même chez celui qui disposait par codicille), l'égalité se fit entre le fidéicommis d'un côté, l'institution d'héritier et le legs, de l'autre. Le sénatus-consulte pégasien avait appliqué les lois caducaires à notre matière ; un autre sénatus-consulte, rendu sur la proposition d'Adrien, en attribuant au fisc l'émolument des fidéicommis, laissés aux pérégrins, aux posthumes externes et autres incapables, compléta cette réforme.

Ainsi disparut un des caractères du fidéicommis. Il ne fut plus un moyen de tourner le droit civil, mais seulement un mode de disposer, à cause de mort, plus simple et plus facile que les anciens modes testamentaires. Et ceci nous permet de présager déjà où aboutira cette nouvelle période de son existence.

A mesure, en effet, que l'ancien formalisme disparaîtra, les legs et l'institution d'héritier se rapprocheront du fidéicommis, et, sous Justinien, l'assimilation sera complète ou à peu près. C'est qu'alors l'unique but du législateur sera de bien interpréter et sanctionner la volonté du disposant, quelle que soit, du reste, la forme dans laquelle elle se sera manifestée.

Avant de quitter cette partie historique, il est une observation à faire, dont nous aurons lieu de nous souvenir lorsque nous parlerons des substitutions fidéicommissaires du droit français.

Le fidéicommis romain ne se présente pas seulement sous les deux points de vue que nous venons d'indiquer. La grande liberté de disposer de son patrimoine, que la loi laissait au citoyen, permit à celui-ci de se servir du fidéicommis pour régler le mode de transmission de son hérédité jusque dans les générations futures, et créer ainsi un ordre fictif de succession à côté de l'ordre établi par la loi.

Voici comment le fait se produisit :

Le fiduciaire qui, dans le principe, étant toujours chargé de rendre immédiatement, ne remplissait le rôle que d'un simple mandataire, devint, dans certaines occasions, un véritable gratifié en premier ordre.

Il ne dut rendre qu'à temps, que conditionnellement, souvent même, seulement au jour de sa mort. Que le fidéicommissaire, qui doit recueillir à cette époque, s'il est alors capable (car ici, comme dans les legs et institutions *dies incertas pro conditione habetur*), soit lui-même grevé de la même charge, au profit d'un second fidéicommissaire, celui-ci au profit d'un troisième et ainsi de suite, nous voyons apparaître, relativement aux biens objet du fidéicommis, un ordre de succession tout autre que l'ordre légal.

Remarquons en terminant que, selon la volonté du disposant, le fidéicommis pouvait avoir plus ou moins d'étendue. Si la charge de rendre comprend *toute l'hérédité* une *quote part de l'hérédité*, nous avons le fidéicommis *universel*; le fidéicommis *particulier*, si elle ne comprend que des objets particuliers.

Nous aborderons les détails de notre sujet par l'explication du fidéicommis universel.

I.

DU FIDÉICOMMIS UNIVERSEL.

Notions générales.

Il y a fidéicommis universel, lorsque le fiduciaire est chargé de rendre, soit l'hérédité, soit une quote part de l'hérédité, soit tout ce qui lui est arrivé de l'hérédité ; soit enfin ce qui lui restera dans l'hérédité : on suppose, dans ce dernier cas, que le fiduciaire, auquel est accordé un certain pouvoir de disposition, ne doit rendre qu'après un certain temps, ordinairement au jour de sa mort.

Pour faire un fidéicommis universel, il faut avoir le droit de tester, et, pour être fidéicommissaire, celui d'être institué héritier par le disposant, c'est-à-dire avoir ce qu'on appelle la *factio testamenti passive*.

Le fiduciaire pourra être toute personne à laquelle arrivera la succession ou partie de la succession du disposant, soit *ex testamento*, soit *ab intestato*, soit *jure civili*, soit *jure honorario*.

Si le fiduciaire est un héritier institué, il ne peut l'être que par testament; mais le fidéicommis peut être imposé par codicille et même sans aucune espèce de formalité. Aussi, peu importe de quels termes s'est servi le disposant, pourvu qu'ils expriment sa volonté.

Les termes impératifs pourront n'indiquer que la volonté de faire un fidéicommis, quoique généralement on n'emploie dans ce but que des termes précatifs.

Par le fidéicommis l'hérédité du disposant peut n'arriver à celui, qui doit en définitive en profiter, que *ex certo die*, c'est-à-dire à terme. Il est au contraire impossible de transmettre directement à terme son hérédité.

Voici la raison de cette différence : Si j'instituais directement un héritier et si je mettais un terme à cette institution, dans l'intervalle, entre ma mort et l'arrivée de ce terme, ma succession appartiendrait à mes héritiers *ab intestat*, et je mourrais partie testat, partie intestat, ce que le droit civil ne permet pas. Au contraire quand c'est un fidéicommis à terme que je mets à la charge de mon héritier, comme celui-ci, du moment où il a fait adition ne peut plus cesser, même en restituant, d'être mon héritier (*semel heres semper heres*), je mourrai testat ou intestat, suivant que je laisserai un héritier institué ou un héritier légitime, mais je ne mourrai pas partie testat partie intestat.

Il est bien évident qu'il n'y a qu'un héritier pour le tout ou pour une quote part, auquel on puisse imposer un fidéicommis universel, puisqu'on ne peut charger de rendre plus qu'on n'a transmis.

Que doit rendre un tel fiduciaire? a-t-il droit à quelques déductions? Pour répondre à ces questions, il faut distinguer, suivant l'étendue donnée au fidéicommis.

I. *L'héritier a été chargé de rendre l'hérédité.*

Ce fidéicommis comprend :

1° Les choses héréditaires : comme jusqu'à leur restitution c'est l'héritier qui en est propriétaire, il n'est responsable de leur perte que si elle a été occasionnée par une faute lourde de sa part;

2° Le prix des objets qu'il aurait aliénés;

3° Ce qu'il a touché des débiteurs héréditaires; il n'est point garant de leur solvabilité;

4° Les sommes dont il était lui-même débiteur envers le défunt;

5° Les intérêts des sommes prêtées, le prix des locations consenties par le défunt, si ces intérêts et ce prix des locations sont encore dus au jour où s'opère la restitution;

6° Le part des esclaves, qui n'est point considéré comme un fruit. Il faut ici reconnaître une antinomie entre Ulpien, qui donne cette solution (D. Loi 58, § 4 (36-1), et Paul, qui, dans la Loi 14, § 1, D., 22-1, admet qu'en principe le part des esclaves doit être restitué.

Le fiduciaire garde pour lui : les fruits perçus, les intérêts payés, les produits casuels et les accroissements accidentels survenus aux choses héréditaires, dans l'intervalle qui sépare l'adition d'hérédité du jour où il est mis en demeure de restituer.

Quant aux déductions à opérer par le fiduciaire, elles ont pour objet :

1° Le montant des frais par lui faits pour la conservation des choses fidéicommissées ;

2° Le montant des sommes à lui dues par le *de cujus*;

3° L'estimation du préjudice que peut lui avoir causé l'exécution du fidéicommis. (Loi **27**, § final, D. 36-1.)

4° Enfin ce que le testateur lui aurait ordonné de déduire.

Si, lors de la restitution, la masse à rendre n'est pas assez considérable, pour que ces déductions puissent être opérées, le fidéicommissaire sera sur la demande du fiduciaire contraint de donner à celui-ci caution à ce sujet.

II. *L'héritier a été chargé de rendre une quote part de l'hérédité.*

Si c'est un héritier appelé à la totalité de la succession, on fera relativement à la partie qu'il doit restituer un raisonnement analogue à celui que nous venons de faire pour le cas où le fidéicommis comprenait l'hérédité tout entière.

Si c'est un héritier *pro parte* chargé de rendre précisément cette partie, il est à traiter relativement à cette partie comme l'héritier *ex asse* chargé d'un fidéicommis de toute l'hérédité.

Ici se place une observation relative au prélegs.

En supposant plusieurs héritiers, dont l'un doit rendre sa part héréditaire, si ce dernier a reçu du testateur un prélegs, il le prendra portion sur lui-même, et le recevra portion de ses cohéritiers. Il sort de là que le fidéicommis comprendra une partie de l'objet prélégué proportionnelle à la part héréditaire de l'héritier grevé, à moins que le testateur n'ait autorisé celui-ci à garder le prélegs en entier.

III. *L'héritier a été chargé de rendre tout ce qui lui est parvenu de l'hérédité.*

Alors il ne gardera même pas la partie de prélegs qu'il aura reçue de ses cohéritiers. C'est là du reste une question d'interprétation de volonté.

Cependant il ne faudrait pas aller jusqu'à forcer un époux à restituer ce qu'il a reçu de son conjoint à titre de donation entre vifs, sous le prétexte que cette donation, étant révocable *ad nutum*, ne se trouve confirmée qu'à la mort du donateur. Les biens en effet n'en sont pas moins sortis du patrimoine de celui-ci.

De même une fille ne rendrait pas ce qu'elle a reçu de son père à titre de dot; un héritier ce que le testateur lui a prélégué quand ce prélegs a précisément pour objet ce que le testateur devait à cet héritier. (Loi 78, § 14, D. 36-1.)

IV. *Reste enfin le fidéicommis de* eo quod supererit.

Il semble que la plus grande liberté de disposer soit ici laissée au fiduciaire. Mais alors comment comprendre l'obligation de rendre qui lui est imposée? Les jurisconsultes romains avaient résolu la difficulté en faisant de cette obligaiton une question de bonne foi. Sans doute le fiduciaire aura un certain pouvoir de disposition; mais il n'en devra user que *ex arbitrio boni viri* et ne point l'employer à ruiner le fidéicommis.

S'il aliène ou grève quelques-uns des objets qui y sont compris, il tiendra compte au fidéicommissaire du profit qu'il aura retiré de ces opérations.

Il rendra, en outre, les fruits existants au jour de la restitution, bien que perçus entre l'adition et la mise en demeure;

Il compensera, avec ce que lui devait le défunt, les diminutions qu'il aura fait subir à la masse grevée de fidéicommis.

Justinien fit cesser tout arbitraire dans les rapports de l'héritier et du fidéicommissaire, en ne permettant à celui-là la libre disposition que des trois quarts de cette masse. Le fiduciaire ne peut dépasser cette limite que dans trois circonstances : pour racheter les captifs et, en cas d'insuffisance de sa fortune personnelle, pour se constituer une dot, ou faire à sa femme la donation *propter nuptias*.

Une règle générale à tous ces fidéicommis, est que le fiduciaire ne doit point garantie au fidéicommissaire contre l'éviction qu'il pourrait subir, par rapport aux biens fidéicommissés. Au contraire c'est le fiduciaire qui pourrait, dans certains cas, exiger de celui auquel il restitue, caution d'être par lui protégé contre la possibilité d'une demande en garantie. Voici dans quelle hypothèse : Le fiduciaire a pu et même quelquefois dû vendre quelques-uns des objets compris dans le fidéi-

commis (payement des dettes héréditaires; détériorations
à craindre, etc.). Eh bien, si ces objets vendus n'appar-
tenaient pas réellement au défunt et s'il arrivait que les
acquéreurs en fussent évincés, ils se retourneraient contre
leur vendeur. Voilà précisément l'action dont le fidéicommissaire devrait garantir le fiduciaire.

Les notions préliminaires sont terminées, nous allons
maintenant voir comment s'opérait la restitution du fidéicommis et quels en étaient les effets; mais pour cela il
faudra successivement examiner différentes époques.

Ire ÉPOQUE. — *Antérieure au sénatus-consulte Trébellien.*

Tout se passait entre *l'heres* et le fidéicommissaire
comme entre un vendeur et un acheteur d'hérédité.

Pour bien comprendre ceci, il faut se souvenir du caractère indélébile de la qualité d'héritier. De là cette
conséquence, que, malgré la restitution, l'héritier était
toujours titulaire tant actif que passif des actions héréditaires. Cependant il eût été plus juste et plus conforme
à la volonté du disposant, que ces actions passassent *in
solidum* ou *pro rata parte* à, ou contre celui qui devait,
en fin de compte, profiter de tout ou partie de l'hérédité.
Les principes du droit civil avaient donc ici un grand inconvénient, auquel il fut ainsi remédié.

L'héritier faisait au fidéicommissaire *nummo uno*, une
vente fictive de l'hérédité ou de partie d'icelle, puis in-
tervenaient entr'eux les stipulations : *Emptæ et venditæ
hereditatis,* qui de coutume avaient lieu entre vendeur
et acheteur d'une hérédité. Le fidéicommissaire stipulait
du fiduciaire, que celui-ci lui tiendrait compte de tous

les profits à lui parvenus à titre héréditaire ; qu'il le laisserait exercer les actions de la succession comme *procurator in rem suam ;* le fiduciaire stipulait du fidéicommissaire, que celui-ci l'indemniserait de tout ce qu'il aurait été forcé de payer et même le défendrait contre toute poursuite qu'il aurait à subir en qualité d'héritier.

Bien entendu l'effet de ces stipulations se restreignait lorsqu'une partie seulement de l'hérédité devait être rendue.

De là ce que dit Gaius, C. 2, § 252 : *Olim emptoris loco erat fideicommissarius.*

IIe ÉPOQUE. — *Sénatus-consulte Trébellien.*

Sous l'empire de la législation que nous venons d'exposer il dut souvent arriver que les héritiers, grevés de fidéicommis, ne se montrassent pas empressés de faire adition à l'hérédité, surtout quand ils étaient forcés de la rendre toute ou presque toute. Ils couraient, en effet, le plus grand danger, liés qu'ils étaient envers les créanciers héréditaires. Si les fidéicommissaires auxquels ils avaient restitué devenaient insolvables, et qu'alors ils fussent actionnés et forcés de payer, il n'avaient plus qu'un recours tout à fait illusoire.

Le défaut d'adition entraînait la ruine du testament, et par là celle du fidéicommis.

Le sénatus-consulte Trébellien eut pour but de remédier à ce danger, en mettant l'héritier à l'abri de toute fâcheuse conséquence résultant de son acceptation.

Ce sénatus-consulte fut rendu sous Néron, le 8 des calendes de septembre de l'an 62 de notre ère, Annæus Seneca et Trebellius Maximus étant consuls.

Voici ce qu'il décidait :

La restitution une fois faite, toutes les actions héréditaires, tant actives que passives, passaient au fidéicommissaire, pour tout ou partie de l'hérédité, suivant l'étendue du fidéicommis. Ces actions ne passaient, il est vrai, que comme actions *utiles*, car le vieux principe : *semel heres semper heres*, subsistait toujours ; mais elles avaient le même effet qu'auraient eu les actions *directes*. Quant à ces actions directes, toujours inhérentes à la personne de l'héritier, elles étaient paralysées par l'exception *restitutæ hereditatis*, que pouvaient invoquer, suivant le cas, soit les débiteurs héréditaires poursuivis par l'héritier, soit l'héritier poursuivi par les créanciers du défunt.

Il y a cependant une exception : si le créancier du défunt ne pouvait agir contre le fidéicommissaire parce que celui-ci était absent, et qu'il s'agit d'une action temporaire sur le point d'être périmée, alors ce créancier agissait contre l'héritier, et celui-ci ne pouvait invoquer, pour se défendre, l'exception dont nous venons de parler. (Loi 49, D. 36, 4.)

Si, postérieurement à la restitution, l'héritier ou les débiteurs héréditaires avaient, par erreur, négligé d'user du secours de notre exception, il leur était permis, pour rentrer dans leurs fonds, d'intenter la *condictio indibiti*.

Maintenant que nous connaissons l'esprit général du sénatus-consulte Trébellien, nous allons entrer dans les détails de sa mise en exercice.

Il s'appliquait dans tout fidéicommis universel valablement créé.

Il avait son effet dès que la restitution était opérée, pourvu qu'elle le fût au temps fixé par le disposant. Cette restitution n'était soumise à aucune formalité (loi 37, D.

36, 1); il suffisait même que le fidéicommissaire fût mis en possession d'un objet quelconque de l'hérédité, sauf, bien entendu, l'obligation pour l'héritier de compléter cette restitution imparfaite.

Elle pouvait être faite par l'héritier capable ou par son mandataire. Le curateur restituait pour son *furiosus* ; le pupille restituait lui-même, mais sous l'autorité de son tuteur, pourvu toutefois que la restitution ne dût point être faite à ce tuteur lui-même.

Le fidéicommissaire capable recevait par lui-même ou par mandataire ; le pupille, *qui fari poterat*, recevait lui-même, *tutore auctore*. Pour le pupille *infans*, une constitution de Justinien avait autorisé le tuteur à recevoir seul, loi 7, C. 6, 49. Enfin si le fidéicommissaire était *alieni juris*, on restituait à la personne qui avait sur lui la puissance.

Comme nous l'avons fait pressentir, en cas de fidéicommis à terme ou conditionnel, une restitution anticipée ne transportait pas les actions au fidéicommissaire ; il fallait, pour qu'il en fût titulaire, une manifestation nouvelle de sa volonté, postérieure à l'arrivée du terme ou à la réalisation de la condition.

Ainsi passaient, à et contre le fidéicommissaire, toutes les actions civiles, honoraires et naturelles existant au moment où se faisait la restitution, et telles qu'elles existaient en ce moment entre les mains de l'héritier.

Conséquences :

1° Si quelqu'une de ces actions était temporaire, elle n'avait plus à durer que le temps fixé par la loi, diminué de celui pendant lequel elle avait existé entre les mains du *de cujus* et du fiduciaire.

2° N'étaient pas transportées les actions appartenant à l'héritier à un autre titre que celui d'héritier, bien que relatives à des objets de l'hérédité ; les actions qui n'étaient pas dans l'hérédité du défunt, parce qu'elles n'avaient commencé à naître que pour ou contre l'héritier ; seulement celui-ci devait céder les créances de cette espèce au fidéicommissaire : en cas de refus, un décret du préteur tenait lieu de cession ; les actions qui ont été *contestées* avec l'héritier avant la restitution ; celles qui se sont éteintes par confusion entre les mains de l'héritier, sauf à lui à tenir compte au fidéicommissaire du profit qu'il a retiré de cette extinction.

Un autre effet de la restitution est de mettre à la charge du fidéicommissaire le payement des legs et fidéicommis contenus dans le testament, ce que Justinien a confirmé. (Loi fin. C. 6-49)

C'est encore la restitution qui transporte, de l'héritier au fidéicommissaire, la propriété des biens, objet du fidéicommis, telle que cette propriété existait ès-mains du *de cujus*. Il résulte de là : 1° la résurrection des servitudes qui existaient sur les fonds de l'héritier au profit des fonds du défunt et réciproquement, et qui s'étaient éteintes par confusion ; 2° la confirmation des aliénations consenties, à propos des biens fidéicommissés par le fidéicommissaire avant la restitution ; 3° la nullité des aliénations analogues consenties alors par le fiduciaire. Il ne faut cependant pas appliquer cette règle dans toute sa rigueur.

On ne révoquait pas en effet les aliénations faites par un fiduciaire ayant juste cause d'ignorer l'existence du fidéicommis, et il était de principe que l'on maintenait un affranchissement par lui fait, même de mauvaise foi. Dans le même ordre d'idées, nous pouvons noter qu'on permettait à une fille, que son père avait grevée d'un fidéicommis universel, de se constituer une dot sur les biens grevés, « *quod*, dit la loi **22**, § **4**, D., **36-1**, *et mulieris pudicitiæ, et patris voto congruebat.* » Justinien étendit cette disposition à la circonstance analogue d'un fils voulant faire à sa femme une donation *propter nuptias.* (Nov. **39**, C.) (1).

En résumé, sous l'empire de notre sénatus-consulte Trébellien, nous voyons le fidéicommissaire qui, dans la période précédente, était mis *loco emptoris*, jouer maintenant le rôle d'un véritable héritier.

IIIe Époque. — *Coexistence des sénatus-consultes Trébellien et Pégasien.*

Le sénatus-consulte Trébellien assurait bien à l'héritier que son acceptation n'aurait pour lui aucune fâcheuse conséquence ; mais, comme il ne lui donnait aucun intérêt à la faire, il arrivait souvent qu'il s'abstenait et faisait ainsi tomber et testament et fidéicommis. La plupart du temps l'unique intérêt des autres est un trop faible mobile pour nous faire sortir de l'inaction. Voilà l'état de choses auquel remédia le sénatus-consulte Pégasien rendu onze années après le Trébellien,

---

(1) C'est de cette Novelle qu'on a voulu tirer, mais à tort, selon nous, l'origine de l'hypothèque légale, que l'ordonnance de 1747 accordait, sur les biens substitués, à la femme du grevé, pour garantie de ses reprises matrimoniales.

sous le consulat de Pegasus et de Pusio et sous le règne de Vespasien.

Des dispositions assez nombreuses de ce sénatus-consulte, deux seulement se rapportent à la matière qui maintenant nous occupe.

1° L'héritier n'était forcé de restituer l'hérédité que déduction faite de la quatrième partie de cette hérédité, qu'il gardait pour lui. Ainsi se trouvait-il avoir intérêt à faire adition ;

2° Si néanmoins il voulait rester étranger à la succession, le préteur pouvait, sur la demande du fidéicommissaire, le forcer à faire adition : mais, en ce cas, il perdait tout droit à la quarte.

Ce sénatus-consulte n'avait pas, du reste, aboli le Trébellien. Chacun d'eux avait sa sphère d'action, que nous allons d'abord déterminer.

Le Trébellien s'appliquait toutes les fois que la charge de rendre n'embrassait pas plus des trois quarts de la succession ; le Pégasien, dans le cas contraire, pour lequel il avait précisément été rendu.

Cependant si l'héritier, chargé d'un fidéicommis de plus des trois quarts, voulait, fidèle exécuteur des volontés du défunt, accomplir son mandat à la lettre, ne pouvait-il point restituer *ex Trebelliano?* Il semble d'abord que l'affirmative ne soit pas douteuse et pourtant Modestin qui l'admet, loi 45, D. (36-1), conseille à l'héritier de n'accepter plutôt la succession que comme *coactus ex senatus-consulto Pegasiano.* Nous verrons bientôt tout ce que ce conseil a de sage et de prudent.

Nous diviserons les détails dans lesquels nous allons maintenant entrer en deux paragraphes.

§ 1. — De la quarte Pégasienne.

Les jurisconsultes romains la désignaient le plus souvent sous le nom de Falcidie : c'était en effet une imitation de cette quarte, que pouvait retenir l'héritier, quand le testateur l'avait surchargé de legs. Les mêmes règles, à peu près, les gouvernaient toutes les deux.

Accordée par le sénatus-consulte à l'héritier inscrit chargé d'un fidéicommis universel, (1), elle fut par la suite, étendue même à l'héritier *ab intestat* qui se trouvait dans la même position.

Un fidéicommissaire universel pouvait être lui-même

---

(1) Le § 5 des Institutes, liv. **2**, tit. **23**, semble dans cette phrase : « *Ex singulis quoque rebus, qaœ per fideicommissum relinquuntur, eadem retentio permissa est,* » attribuer au S.-C. Pégasien l'origine du droit, pour l'héritier chargé de fidéicommis particuliers, de retenir la quarte sur ces fidéicommis. Mais Vinnius (Princip., *De lege falcidia*), pense qu'un tel droit est bien antérieur à ce S.-C. Comment, dit-il, comprendre que ce droit ne date que du S. C. Pégasien, postérieur de plus d'un siècle à la loi *Falcidie* et que, pendant si longtemps, il ait été permis de dépouiller plus complétement son héritier par la voie indirecte du fidéicommis que par la voie directe du legs ? Si on objecte le texte de notre § : d'abord il ne dit pas positivement que le S. C. soit introducteur de ce droit, qu'il ne fait que constater en passant ; d'ailleurs est-ce que ce S. C., comme le Trébellien, n'a pas pour unique objet les fidéicommis universels ? Quant à la phrase, rien ne s'oppose à ce qu'on l'interprète comme prévoyant le cas où un héritier serait tout à la fois chargé de fidéicommis universels et de fidéicommis particuliers, et comme résolvant alors affirmativement la question de savoir, si l'héritier pourrait retenir sa quarte aussi bien sur ceux-ci que sur ceux-là.

Et voici la conséquence que tire de là Vinnius, qui n'admet pas que la quarte du S. C. Pégasien soit absolument gouvernée par les mêmes principes que la *Falcidie ;* tandis qu'on appliquera les règles propres de celle-ci en matière de fidéicommis particuliers, on appliquera les règles propres de celle-là en matière de fidéicommis universels.

chargé de rendre à un tiers tout ou partie de ce qu'il avait reçu. D'où cette question : Pourra-t-il, lui aussi, retenir la quarte sur la restitution qui lui est imposée? En principe, il faut répondre négativement. Une fois l'adition obtenue, la volonté du défunt doit recevoir son entier accomplissement. Mais il faut apporter une restriction à ceci : Si l'héritier qui a transmis au fidéicommissaire n° 1 n'a fait adition que *coactus* et que, par conséquent, il n'ait pu retenir de quarte, ce fidéicommissaire se trouvait par là en quelque sorte à la place de l'héritier et chargé, en son lieu, d'acquitter les legs et fidéicommis contenus dans le testament. D'où l'on concluait qu'il pourrait, sur eux, retenir la quarte, comme l'aurait pu l'héritier qui aurait fait spontanément adition.

Revenons à l'héritier fiduciaire.

Il avait droit à la quarte Pégasienne contre tout fidéicommissaire quel qu'il fût. Cette quarte se calculait absolument comme la quarte Falcidie, mais il existait entre elles une différence, relative aux imputations que l'héritier devait faire sur l'une ou sur l'autre.

S'agissait-il de la Falcidie, l'héritier imputait seulement ce qu'il obtenait *jure hereditario;* s'agissait-il de la Pégasienne, tout ce qui lui arrivait du défunt, n'importe à quel titre, soit à titre héréditaire, soit à titre de legs, soit à titre de fidéicommis, etc.

La raison de cette différence, dit Vinnius, est que la loi Falcidie défend de léguer plus des trois quarts de l'hérédité. Il faut donc, pour que cette loi soit respectée, que l'héritier garde, et *comme héritier*, au moins un quart de la succession. Le sénatus-consulte, au contraire, n'exige qu'une chose, c'est que l'héritier ait un certain intérêt à accepter, et cet intérêt est jugé suffisant du moment que l'héritier recueille, n'importe à quel titre, un quart des biens du disposant.

Vinnius continue : il est encore un autre motif de cette différence, pris, celui-ci, dans la nature même des choses. La Falcidie n'est point contraire aux intentions du testateur, car il est à croire que s'il a légué avec tant de générosité, c'est qu'il croyait son patrimoine plus considérable, et que son intention n'a jamais été de priver son héritier de toute portion héréditaire, ni même de remplacer cette portion héréditaire par le legs qu'il aurait pu lui faire. Lors, au contraire, qu'un testateur charge son héritier de restituer à un tiers soit tout ce qu'il lui transmet, soit la plus grande partie, il est de toute évidence que l'application de la quarte Pégasienne porte atteinte à sa volonté. Et voilà pourquoi, puisque les termes du sénatus-consulte ne s'y opposent pas, le mieux est de multiplier les imputations que l'héritier doit faire sur cette quarte.

Cependant Pothier, d'après Cujas, assimile complétement les deux quartes sous ce point de vue. Il cite à l'appui de son opinion la loi 91, D., 35-2, qu'invoquent aussi les partisans de l'opinion contraire.

Une chose frappe d'abord dans cette loi, c'est la clarté des premières phrases et celles-ci nous donnent parfaitement raison. Il faut voir comme Pothier a torturé le sens des mots pour arriver à démontrer qu'elles ne lui étaient pas contraires. Il est vrai que le reste de la loi est fort embrouillé et peut, par cela même, fournir des arguments dans les deux systèmes, mais n'est-ce pas là le cas de dire avec Merlin (Rép., v° *Quarte trebellanique*) qu'il ne peut y avoir dans ces obscurités une raison, de ne pas au moins adopter ce que la loi présente de clair et d'évident?

Nous trouvons relativement aux fruits une solution très-remarquable. L'héritier devra les imputer sur sa quarte s'il les a perçus par la volonté du défunt, ainsi quand il s'agit d'un fidéicommis à terme ou conditionnel; il ne les imputera pas, au contraire, s'il ne les a perçus que par l'effet du retard qu'a mis le fidéicommissaire à former sa demande.

Quid, si le testateur, qui avait imposé à son héritier la restitution de toute l'hérédité, lui avait permis de retenir pour lui tel ou tel objet particulier? Alors de deux choses l'une : ou cet objet valait au moins le quart de l'hérédité, ou il avait une moindre valeur. Dans le premier cas, il n'y avait aucune raison d'appliquer le sénatus-consulte Pégasien et le fidéicommissaire restituait *ex Trebelliano*, comme s'il n'avait été chargé de restituer que les trois quarts de l'hérédité, avec cette différence pourtant, que les actions héréditaires passaient *in solidum* au fidéicommissaire. En effet, l'héritier qui ne retenait pas une quote part de l'hérédité se trouvait assimilé à un légataire particulier. Il ne faudrait pourtant pas prendre cette formule au pied de la lettre, car voici une raison pour ne pas confondre cet héritier avec un légataire particulier. Tandis que celui-ci, quoi qu'il arrivât, n'avait jamais droit qu'à l'objet de son legs : celui-là, *a quo fideicommissum est relictum, aliqua re deducta*, profitait de la défaillance du fidéicommissaire et pouvait recueillir ainsi toute l'hérédité.

Dans le second cas, c'est-à-dire quand la *res deducenda* ne valait pas un quart, l'héritier avait le choix ou de s'en contenter, et alors tout se passait comme précédemment, ou de demander le complément de sa quarte, hypothèse dans laquelle la restitution s'opérait avec tous les effets que lui attribuait le sénatus-consulte Pégasien.

Quels étaient donc ces effets? On les résume parfaitement en disant que le fidéicommissaire était mis *loco partiarii legatarii*. On appelait *légataire partiaire* celui auquel le testateur avait légué une quote part de son hérédité.

Soit un legs de cette espèce. Pour que la volonté du défunt s'exécutât, il fallait que le légataire, pour sa quote part, participât à l'actif et au passif de la succession. Comment obtenir ce résultat avec ce principe subtil du droit civil, qui n'accordait les actions héréditaires qu'à l'héritier? On eut recours aux stipulations, *partis et pro parte*, analogues aux stipulations *emptæ et venditæ hereditatis*, que nous connaissons déjà. L'héritier stipulait du fidéicommissaire que celui-ci lui tiendrait compte de tout ce qu'il lui faudrait débourser, par suite des actions auxquelles sa qualité le forcerait de répondre; le fidéicommissaire, à son tour, stipulait du fiduciaire que celui-ci, pour sa quote part, le ferait participer à tous les profits qu'il aurait retirés de son titre d'héritier et lui permettrait même d'agir dans cette proportion, comme *procurator in rem suam*, c'est-à-dire avec dispense de rendre compte.

Ainsi pas de transport d'actions : elles restent toujours attachées à la personne de l'héritier.

Tel fut l'expédient que l'on appliqua, lorsque la restitution du fidéicommis eut lieu *ex Pegasiano*. Le fidéicommissaire subit une troisième métamorphose et devient un véritable légataire.

§ II. — Du droit, pour le fidéicommissaire, de forcer l'héritier à faire adition.

Jusqu'ici, nous avons toujours supposé que l'héritier avait fait adition spontanément. Une autre partie du sénatus-consulte, prévoyant le cas où, pour un motif ou pour un autre, qu'il n'était pas d'ailleurs tenu de justifier, l'héritier refuserait de faire adition, permettait au fidéicommissaire de l'y contraindre.

Avait ce droit tout individu auquel on avait laissé un fidéicommis universel.

Cependant si c'était un esclave du testateur, pour qu'il pût contraindre l'héritier à faire adition, il fallait, s'il n'avait pas reçu la liberté directe et présente *ex testamento*, que le fiduciaire dût l'affranchir immédiatement, et que ce fût ce même fiduciaire qui lui dût rendre l'hérédité en tout ou partie.

Si c'était l'esclave de l'héritier institué, il ne pouvait forcer son maître *hereditatem adire*, quand même on eût offert à ce maître de lui rembourser le prix de l'esclave et de le garantir contre les suites de son adition.

Au contraire, un fils sous puissance, avait, sous ce rapport, relativement à son père, le même droit que tout autre fidéicommissaire.

Si deux personnes étaient appelées graduellement à un fidéicommis universel, toutes les deux d'accord pouvaient forcer l'héritier à faire adition. Mais pour que la première, qui devait rendre à la seconde, pût seule exercer ce droit, il fallait qu'il lui demeurât entre les mains, la restitution une fois faite, une quote part de l'hérédité. (L. 35, § 2, R., 36-1.)

Il se présentait quelquefois que la personne appelée à l'hérédité comme fidéicommissaire, y était appelée en même temps à un autre titre; ainsi, un testateur avait disposé de cette façon : « Que Primus soit mon héritier. Je le charge de rendre ma succession à Secundus, que je lui substitue. » Si Primus refusait de faire adition, Secundus était appelé en qualité de substitué vulgaire. Pouvait-il, s'il le préférait, *cogere Primum adire*, pour conserver son titre de fidéicommissaire? La loi 6, § 5, D. 36. 1, répond affirmativement, pourvu que Secundus eût intérêt à agir ainsi ; par exemple, la substitution était chargée de legs qui ne pesaient pas sur le fidéicommis.

Tout héritier institué et, par suite d'extension donnée au sénatus-consulte, tout héritier *ab intestat*, tout *bonorum possessor* était passible de cette contrainte. Elle s'appliquait même à celui qui n'eût pas été soumis à la charge de rendre s'il eût fait adition spontanément; à celui qui n'avait pas l'intégrité du *jus capiendi*, puisque la succession ne devait faire que passer entre ses mains.

Le fidéicommissaire n'était pas forcé, pour user du droit que lui conférait le sénatus-consulte, d'attendre l'expiration du délai accordé à l'héritier pour délibérer sur son acceptation, sauf bien entendu le droit, pour cet héritier, qui n'avait, faute de s'être rendu compte des forces de l'hérédité, voulu faire alors qu'une acceptation forcée, de donner postérieurement à celle-ci tous les effets d'une acceptation volontaire.

Lorsque le testateur avait voulu que l'héritier ne fît adition qu'après avoir accompli tel ou tel fait, et que celui-ci se refusait à l'accomplir, il fallait faire une distinction. Ce fait était-il d'une exécution facile, ne pouvait-il causer aucun préjudice moral à son auteur : le préteur alors forçait l'héritier à l'accomplir.

Dans le cas contraire, comme un pareil mode d'agir eût été injuste, on était obligé de laisser défaillir la condition, par suite, l'adition, et enfin, comme conséquence finale, le fidéicommis. (Loi 63, § 7, D. 36, 1.)

Quand cette condition était que l'héritier donnerait une somme de, le fidéicommissaire, qui voulait user de son droit, devait commencer par lui offrir pareille somme.

Un rescrit d'Antonin avait permis au bénéficiaire d'un fidéicommis conditionnel, d'agir *ad heredem adire cogendum*, avant la réalisation de la condition ; mais ce ne serait néanmoins qu'à cette époque seulement qu'aurait lieu le transport des actions, car telle avait été la volonté du *de cujus*. Il y avait dans cette constitution, si l'empereur se fût arrêté là, un danger réel pour l'héritier. Supposons, en effet, qu'une fois l'adition faite la condition ne se réalisât pas, ou bien que le fidéicommissaire mourût avant son accomplissement, c'est-à-dire n'ayant pu transmettre aucun droit à ses héritiers : alors notre fiduciaire se serait trouvé seul exposé aux charges d'une succession qu'il n'avait cependant acceptée que contraint.

Ce danger, l'empereur l'avait prévenu en décidant que dans une telle circonstance, les créanciers héréditaires vendraient les biens sous le nom du défunt, absolument comme s'il n'y avait pas eu d'acceptation.

Pothier fait remarquer que ce rescrit ne concerne que l'*heres ex asse*. Le but d'Antonin n'a pas été surtout d'assurer au fidéicommis une plus certaine exécution, mais plutôt de mettre le testament à l'abri des chances de caducité, qui pouvaient provenir de la personne de l'héritier, dans l'intervalle qui sépare la mort du *de cujus* de l'arrivée de la condition. Or cette crainte disparaît devant la multiplicité des héritiers ; si le grevé refuse d'accepter, un autre acceptera et le testament ne tombera pas. Il n'y a plus de motifs pour que le fidéicommissaire n'attende pas l'arrivée de la condition pour agir.

Lorsque plus tard, l'empereur Sévère décida que la part d'un cohéritier n'accroîtrait à ses cohéritiers que chargée des legs et fidéicommis qui la grevaient, il y eut une nouvelle raison pour ne point appliquer le rescrit d'Antonin aux héritiers *pro parte* : l'intérêt du fidéicommis lui-même ne le demandait plus. Mais il faut se garder de présenter, comme l'a fait Cujas, ce motif comme ayant déterminé l'empereur Antonin à n'appliquer son rescrit qu'à l'*heres ex asse*. Ce serait commettre un véritable anachronisme. A plus forte raison, un fidéicommissaire à terme, pouvait-il agir avant l'arrivée du terme. Remarquons même que celui-ci avait un droit acquis, transmissible à ses héritiers. Sa mort, avant le terme fixé, ne pouvait donc avoir aucun inconvient pour le fiduciaire, qu'on avait forcé de faire adition.

Ni la répudiation déjà faite, ni la possibilité que le testament fût infirmé, ne mettait l'héritier à l'abri de l'obligation d'*adire*.

Une fois faite, l'adition forcée n'avait pas besoin d'être renouvelée, lorsqu'une autre part héréditaire accroissait à cet héritier pour partie, que le fidéicommissaire avait contraint de faire adition. Un décret du préteur, à Rome, l'ordre des magistrats municipaux autorisé par le président, dans les provinces, contraignaient l'héritier récalcitrant.

Ce décret pouvait être demandé par le fidéicommissaire ou son mandataire, en cas d'absence. Seulement, quand l'héritier contre lequel on le demandait était un héritier pour partie, le mandataire devait clairement justifier de son mandat ; ce qu'explique ceci, que le rescrit d'Antonin ne protégeait que l'héritier *ex asse* (1).

De là une difficulté, quand il s'agissait d'un pupille *infans*, qui ne pouvait ni agir lui-même, *auctore tutore*, ni donner un mandat. On avait fini par permettre au tuteur d'agir seul, comme agissait le curateur d'un *furiosus*. (Loi 65, § 3. D. 36. 1.)

Equitablement l'*heres* ainsi *coactus adire* devait être et était rendu complétement indemne. Avait-il reçu un legs du testateur pour le cas où il ne se porterait pas héritier, le fidéicommissaire devait l'indemniser avant de le contraindre à faire adition. (Loi 27, § 15, D. 36, 1.).

En définitive l'héritier devenait complétement étranger à l'hérédité, et ce, avant même que la restitution eût été opérée. Dès que l'adition avait été faite sur la poursuite d'un fidéicommissaire, même pour partie, toutes les actions héréditaires reposaient *in solidum* sur la tête de ce fidéicommissaire. Nous pouvons comprendre maintenant le conseil que Modestin donne à son client dans la loi 35, R., *ad lege Falc.* « Plutôt que de vous placer, en acceptant spontanément, sous l'empire du Trébellien, laissez-vous contraindre et n'acceptez que forcé, *ex Pegasiano*, alors vous n'aurez rien à craindre,

---

(1) On appliquait le rescrit d'Antonin dans tous les cas présentant quelque analogie avec celui pour lequel l'empereur avait spécialement prononcé.

pas même que le fidéicommissaire vienne à refuser le fidéicommis, car le rescrit d'Antonin vous protége. »

Ce sera le fidéicommissaire qui payera les legs, les fidéicommis. Il tient la place du véritable héritier qui s'est effacé, aussi aura-t-il, relativement à ces legs et fidéicommis, droit à la quarte Falcidie, quand et comme l'héritier y aurait eu droit lui-même.

Quand à l'héritier *coactus*, il était à considérer comme n'ayant point accepté. (Loi 27, § 2. D. 36. 1).

Conséquences :

Il ne profitait pas d'une substitution faite à son profit, sous cette condition : *Si heres esset* ;

Il ne retenait rien *jure Faladiœ* ;

Il n'avait pas droit au prélèvements que le testateur l'avait autorisé à faire avant de restituer, pas plus qu'aux objets fidéicommissés que le fidéicommissaire ne pouvait recueillir.

Cependant les fruits et produits casuels perçus, entre son acceptation et sa mise en demeure de rendre, lui étaient définitivement acquis et il gardait également ce qu'un fidéicommissaire, à titre particulier, lui avait donné pour remplir une condition. (Loi 44, § 4. D. 35. 1.) C'est qu'en effet tout ce droit n'avait été introduit qu'en faveur du fidéicommmissaire universel.

En résumé, pendant cette période, le fidéicommissaire est tantôt *loco legatarii partiarii*, tantôt *loco heredis*.

Observations sur nos deux sénatus-consultes.

I. — Quelqu'un pouvait-il grever d'un fidéicommis son héritier *ab intestat?* La raison de douter était qu'un tel héritier recevait tout de la loi et rien du défunt. Mais la raison de décider fut que par cela seul que le *de cujus* n'avait pas, comme il le pouvait, enlevé par un testament sa succession à son héritier légitime , celui-ci devait être regardé comme véritablement gratifié.

Ce fut en ce sens qu'Antonin trancha cette question que le jurisconsulte Julien présente encore comme controversée ; et nos deux sénatus-consultes furent étendus, par l'interprétation , aux héritiers légitimes et honoraires.

Du motif donné sort cette conséquence que, pour faire un fidéicommis, même *ab intestat*, il faut être capable de faire un testament.

II. La solution précédente fait naître cette question :

Le *de cujus* avait chargé d'un fidéicommis son héritier légitime qui vient à faire défaut, si bien que l'hérédité passe à l'héritier du degré subséquent. Celui-ci sera-t-il également chargé du fidéicommis ?

Nous avons là-dessus deux textes d'Ulpien qui semblent se contredire, ce sont au Dig. les lois 1 , § 9, *De legat.*-3° et 61, § 1, *De legat.*-2°.

La loi 1, § 9, s'exprime ainsi : Un homme meurt *intestat* qui, par un codicille, a laissé un fidéicommis à la charge de son héritier légitime du premier degré. Celui-ci répudie la succession, qui parvient alors à l'héritier du second degré. Sans aucun doute, dit Ulpien, il ne sera pas chargé du fidéicommis : *Et ita Imperator noster rescripsit*.

La loi 61, § 1, est ainsi conçue : Un homme meurt laissant deux héritiers *ab intestat*, Primus et Secundus. Primus, que le *de cujus* a chargé d'un fidéicommis, refuse de faire adition, et sa part accroît à Secundus. Julien décide que Secundus recueille cette part libre de tout fidéicommis. Mais, dit Ulpien, depuis le rescrit de Sévère, il faudrait donner une autre décision. — Voici quelle était l'espèce de ce rescrit : le défunt avait institué Seius pour son héritier et l'avait chargé d'un fidéicommis, puis il avait substitué vulgairement Sempronius à Seius. Seius ne fait pas adition, la substitution s'ouvre en faveur de Sempronius qui sera, décide l'Empereur, obligé au fidéicommis. Et Ulpien en avait conclu que dans l'espèce prévue par Julien, il en serait de même de Secundus. Il semble bien qu'Ulpien est en désaccord avec lui-même, et qu'il y a antinomie entre l'opinion qu'il exprime ici et la solution qu'il donne dans la loi 1, § 9.

La conciliation de ces textes ne se trouverait-elle pas fournie par Julien dans la loi 3, D. 29-7 ?

Un *paterfamilias* meurt *intestat* laissant ce codicille : *Quisquis mihi heres erit bonorumve possessor, ejus fidéicommitto*. Que ce soit l'héritier du premier degré ou, à son défaut, celui d'un degré subséquent qui arrive à l'hérédité, le jurisconsulte décide que le fidéicommis devra s'exécuter, parce que, d'après les termes du codicille, celui qui en fut l'auteur a voulu grever certainement quiconque arriverait à son hérédité par la voie civile ou par la voie honoraire.

La première loi d'Ulpien envisagerait le cas d'un fidéicommis infligé nominativement à l'héritier du premier degré ; la seconde d'un fidéicommis conçu en termes généraux.

Ant. Faber voudrait concilier nos textes en retranchant la négation contenue dans la loi 1, § 9 ; mais c'est là un procédé commode peut-être, mais à coup sûr bien hardi et bien dangereux.

Ces deux observations s'appliquent aussi aux fidéicommis particuliers.

IV° ÉPOQUE. — *Justinien fond les deux sénatus-consultes Trébellien et Pégasien en un seul, auquel il donne le nom de sénatus-consulte Trébellien.*

Les stipulations du Pégasien présentaient des dangers analogues à ceux que nous avons déjà remarqués dans les stipulations *emptœ et venditœ hereditatis*. L'héritier fait adition spontanément, les créanciers héréditaires le poursuivent, il se retourne contre le fidéicommissaire et ne trouve plus en face de lui qu'un insolvable. Il faut avouer aussi qu'on ne se gênait plus guère pour traiter de subtilités les principes du vieux droit romain, et qu'on ne voyait pas pourquoi l'on ne donnerait pas un effet direct aux volontés clairement exprimées par le *de cujus*. Imbu de ces idées, Justinien prend dans les deux sénastus-consultes ce qui lui semble bon et en fait un droit nouveau que l'on peut formuler ainsi :

L'héritier chargé de restituer toute l'hérédité ou une partie d'icelle, supérieure aux trois quarts, aura droit à la quarte introduite par le sénatus-consulte Pégasien.

Si, malgré cet avantage, il se refuse à faire adition, le fidéicommissaire pourra l'y contraindre. Seconde disposition conservée du sénatus-consulte Pégasien.

Dans le premier cas, les actions héréditaires se partageront *pro rata parte* entre l'héritier et le fidéicommissaire.

Dans le second, elles passeront *in solidum* à ce dernier.

De sorte que le fidéicommissaire sera toujours, comme il l'était sous le Trébellien, traité en héritier, tantôt *pro parte*, tantôt *ex asse*. C'est pourquoi, probablement, Justinien a donné à sa fusion le nom de sénatus-consulte Trébellien (1).

Justinien a encore modifié le droit précédent sous plusieurs autres points de vue :

1° Il a permis à l'héritier qui, ayant fait adition spontanément, avait, par erreur, omis de retenir sa quarte, d'intenter pour se la faire rendre la *condictio indebiti*.

2° Quand un héritier était chargé de rendre l'hérédité *aliqua certa re deducta*, si cette *certa res* ne valait pas un quart, il avait le droit, d'après le Pégasien, de réclamer le surplus. Plusieurs fois déjà les empereurs avaient interposé leur autorité pour forcer l'héritier à respecter la volonté du *de cujus*. Justinien alla plus loin, il permit au disposant d'interdire au fiduciaire le droit de réclamer sa quarte.

3° Lorsque le grevé aliénait les biens substitués sans en avoir le droit, les lois du Digeste décident en principe que l'aliénation est nulle.

Lois 15 *De reb. dub.*; 60, § 1, *De leg.*-1°; 12, § 2, *Fam. ercisc.*

Mais Thévenot (*Subst.*, ch. 49) regarde comme certain

---

(1) De là vient aussi le nom de quarte Trébellianique donnée par les interprètes du droit romain, à la quarte introduite par le S. C Pégasien et conservée par Justinien. Mais jamais les jurisconsultes romains ne l'ont ainsi qualifiée. Ils l'appelaient toujours quarte Falcidie, ou même plus simplement la Falcidie.

que cela n'était vrai, dans l'ancien droit, qu'autant que l'acheteur avait contracté avec connaissance du fidéicommis. L. 17, *De transact.*; 78, § 4, *De leg.*-2°; 38, *De leg.*-3°; 89, § 7, *De leg.*-2°.

Justinien réforma cette ancienne disposition. C'est à l'acheteur de s'enquérir de la position du vendeur avec lequel il traite. L'empereur décida donc (loi 3, C., *Communia de legatis*) que, dans tous les cas, la vente serait nulle; seulement, tandis que l'acheteur de bonne foi aurait, contre le grevé vendeur, *integra jura*, c'est-à-dire toutes les actions qui appartiennent à un acquéreur évincé, l'acquéreur de mauvaise foi n'aurait, lui, qu'une action en répétition du prix par lui payé.

Ce qui précède ne s'applique qu'aux aliénations à titre onéreux; car, pour les aliénations à titre gratuit, nul doute qu'elles étaient révoquées, tant dans l'ancien droit que dans le nouveau.

La constitution de Justinien annule aussi l'affranchissement fait par le grevé d'un esclave fidéicommissé, et ce, sans distinguer si le *manumissor* connaissait ou non l'existence du fidéicommis.

A propos du fidéicommis imposé à l'héritier *aliqua re deducta*, remarquons que l'une des deux différences qui séparaient cet héritier de celui auquel un quart de l'hérédité avait été attribué, a disparu. On n'aura plus à se demander si la restitution doit se faire *ex Trebelliano, vel ex Pegasanio :* elle a toujours lieu maintenant suivant les règles du premier sénatus-consulte.

Lorsque la *res deducenda* aura une grande valeur, ce sera au fidéicommissaire à voir s'il est de son intérêt d'accepter un fidéicommis qui lui impose toutes les charges de la succession. Vinnius lui conseille d'user, dans ce cas, du bénéfice d'inventaire introduit par Justinien.

Nous le voyons maintenant, le plus grand rapport existe désormais entre l'instruction d'héritier et le fidéicommis universel.

II.

DES FIDÉICOMMIS PARTICULIERS.

On appelle ainsi les fidéicommis qui ont pour objet autre chose que l'hérédité ou une quote-part de l'hérédité du disposant. Ainsi ce serait un fidéicommis particulier que celui par lequel, en instituant Seius mon héritier, je le chargerais de rendre à Sempronius l'hérédité de Titius que je sais lui être parvenue.

Nous venons de voir les fidéicommis universels arriver peu à peu à une assimilation presque complète avec l'institution d'héritiers ; les fidéicommis particuliers suivent une marche analogue relativement aux legs, et Justinien établit entre eux une équation aussi parfaite que le permet la nature des choses.

I. A qui peut-on laisser un fidéicommis ?

La liberté, illimitée d'abord, se restreignit peu à peu, et Adrien compléta la réforme. Toute personne, pour recevoir à titre de fidéicommis, devait être capable de recevoir par legs.

II. Quelles personnes peut-on grever de fidéicommis ?

Un héritier institué, un héritier *ab intestat*, un *bonorum possessor*, un légataire, un fidéicommissaire. Les legs, au contraire, ne pouvaient être imposés qu'à l'héritier institué. La raison en était que le legs, véritable loi, conçu en termes impératifs, ne pouvait s'adresser qu'à celui-la seul qui tenait de la volonté du défunt sa vocation à l'hérédité. Mais cette différence ne devait pas toujours se maintenir.

On admit d'abord la validité des legs contenus dans un codicille confirmé par testament même antérieur; on décida ensuite que les legs contenus dans un codicille non confirmé, c'est-à-dire laissés par quelqu'un qui mourrait *intestat*, vaudraient comme fidéicommis. Enfin Vinnius ne doute pas qu'un legs ainsi fait n'ait, depuis la constitution de Justinien (Loi 2, C. com. *De legatis*), toute la force d'un legs direct.

Faut-il aller plus loin et reconnaître, comme un véritable legs, celui qu'un testateur mettait à la charge d'un autre légataire ou d'un fidéicommissaire?

Pour la négative, on peut argumenter du *principium* du titre 24, liv. 2, aux Institutes, qui dit expressément : « *Quamvis a legatario legari non possit.* »

On ajoute que la nature des choses s'oppose à ce qu'on admette une autre solution, et on met l'adversaire au défi de trouver une formule de legs qu'on puisse appliquer au cas où la personne chargée du legs serait elle-même un légataire.

Vinnius répond :

L'objection de texte n'a pas de valeur. Le § 10 du titre précédent dit bien que l'on ne peut laisser de legs *ab intestat*, et cependant il est hors de doute qu'on le peut depuis Justinien. Pour toutes ces modifications, les Institutes renvoient tacitement à la constitution.

Sans doute, ajoute-t-il, on ne pourrait employer les formules des legs *per vindicationem* ou *per præceptionem*, mais qui empêche d'employer celle des legs *per damnationem* ou *sinendi modo ?*

Heineccius, qui partage cette opinion, ne la défend pas par les mêmes raisons. Il convient que les formules des legs ne peuvent s'appliquer, pas même la formule *Damnas esto*, car, dit-il, si le testateur peut écrire une loi, ce ne peut être que pour enrichir son légataire et non pour l'appauvrir. Mais la suprême raison de décider, est que la constitution de Justinien a mis sur la même ligne les legs et les fidéicommis, et qu'on peut mettre un fidéicommis à la charge d'un légataire.

Nous pouvons appliquer tout ce raisonnement au cas où c'est un fidéicommissaire qui a été chargé du legs.

III. Dans quelle espèce d'acte peut être contenu un fidéicommis ?

Dans un testament, un codicille et même une manifestation de volonté quelconque. Il n'y a donc pas de paroles consacrées, et quoique habituellement celles qu'on emploie soient précatives, des paroles impératives auraient le même effet, s'il paraissait que le disposant n'eût voulu faire qu'un fidéicommis. On trouve encore des fidéicommis contenus dans un acte entre-vifs.

Nous avons établi ci-dessus qu'un legs pouvait être faits par codicille depuis les innovations de Justinien.

IV. Quelles choses peuvent être l'objet d'un fidéicommis?

Tout ce qui pouvait être légué *per damnationem :* c'est-à-dire les choses du testateur, celles du fiduciaire (légataire, héritier ou fidéicommissaire), enfin celles d'un tiers, *res alienœ*. La seule règle à observer était qu'un fiduciaire ne pouvait être forcé de rendre plus qu'il n'avait reçu, règle de bon sens, que nos anciens auteurs ont traduite par cet adage : *Nemo oneratus nisi honoratus.* Les lois 70, § 1, *De leg.* 2°, et 21, § 2, *De leg.* 1°, consacrent cette règle plutôt qu'elles n'y apportent exception. Remarquons qu'elle ne s'appliquait que lorsque la comparaison devait s'établir entre deux quantités. Autrement, celui qui avait reçu un corps certain pour rendre une quantité, ou réciproquement, devait réfléchir avant de faire son choix, car, la libéralité une fois acceptée, il était irrèvocablement lié envers le fidéicommissaire. (Loi 70, § 2, D., 31.)

Pour que le fidéicommis d'une *res alienœ* fût valable, le disposant devait savoir que cette chose ne lui appartenait pas. Cette condition n'était pas exigée quand l'objet du fidéicommis était une chose appartenant au fiduciaire lui-même.

C'était à celui qui était chargé d'un fidéicommis *rei alienœ* de s'entendre avec le propriétaire. Si celui-ci refusait de vendre l'objet moyennant un prix raisonnable, le fiduciaire s'acquittait en payant l'estimation au fidéicommissaire. Quelques jurisconsultes du temps de Gaius avaient voulu que le refus du propriétaire libérât le fiduciaire, mais cet avis n'avait pas prévalu.

Par fidéicommis particulier, on pouvait être chargé d'affranchir l'esclave d'autrui. Jadis, on avait décidé que le fidéicommis tombait lorsque le propriétaire de l'esclave refusait de le vendre, mais un rescrit d'Alexandre Sévère décida, en faveur de la liberté, que l'exécution serait seulement suspendue. Le fiduciaire attendrait que l'occasion se présentât d'acheter et d'affranchir l'esclave en question.

L'esclave ainsi affranchi par fidéicommis, appartint-il d'ailleurs au disposant, devenait *libertus ejus qui eum manumiserat*. C'est une différence à noter avec le résultat de l'affranchissement direct, qui rendait l'affranchi *libertus testataris*, ou plutôt, comme on disait, *orcini*, *quia patronus illius ad orcum erat*. Ce patron fiduciaire n'acquérait pas non plus les droits ordinaires d'un autre patron : *Jus patronatus in eo tantum adquirit*, dit Vinnius, *ut contra tabulas et ab intestato ad bona ejus (manumissi) venire possit : ut non etiam operas illi imponere possit, aut impositas ab eo petere* (1). (Loi 29, D., *De bonis lib.*)

V. Qui peut laisser un fidéicommis ?,

Toute personne ayant la *factio testamenti*.

VI. Qui peut-être fidéicommissaire ?

Toute personne pouvait recevoir par testament.

---

(1) La liberté laissée directement par un maître à son esclave pouvait quelquefois ne valoir que comme liberté fidéicommissaire ; c'était lorsque l'esclave ainsi affranchi était un *servus pigneratus*. Même dans la rigueur du droit, l'affranchissement était nul. (Loi 24, § 10, D. 40-5.)

Le testateur qui, dans son testament, avait chargé l'esclave d'autrui de la tutelle de ses enfants, sans parler de l'affranchissement de cet esclave, était censé avoir sous-entendu cette condition : *cum liber erit*. Quelques interprètes allaient même jusqu'à voir là un cas de liberté fidéicommissaire. (Loi 10, § dern., D. 26-2.) Du reste, en matière de fidéicommis, on laissait le champ libre à l'interprétation.

Mais il faudrait se garder de généraliser en disant que le testateur qui laisse la liberté directe à l'esclave d'autrui (ce qui est nul) est censé par là charger son héritier de l'affranchir. Nous n'avons plus les mêmes raisons que dans l'espèce précédente.

VII. Actions accordées pour faire valoir le fidéicommis.

Depuis Justinien, ce sont les mêmes que celles que pouvait employer le légataire. Jadis, au contraire, le fidéicommissaire devait recourir à une voie spéciale et extraordinaire.

DE LA PREUVE DES FIDÉICOMMIS TANT UNIVERSELS QUE PARTICULIERS.

Lorsqu'ils étaient contenus dans un testament ou dans un codicille, la preuve de leur existence résultait de l'acte lui-même. Mais lorsqu'ils étaient faits verbalement et sans témoins, comment alors les établir?

Voici ce que Justinien décide :

Le prétendu fidéicommissaire pourra interpeler l'héritier, légataire, etc., qu'il croit grevé en sa faveur, et, après avoir juré lui-même qu'il n'obéissait pas à l'esprit de chicane, lui déférer un tel serment : « Jurez que vous n'avez pas été chargé d'un fidéicommis à mon bénéfice? » L'héritier ne peut se plaindre, puisqu'on se met à sa discrétion, qu'on s'en rapporte à sa bonne foi. Il devra donc jurer ou payer. Il ne pourra référer le serment, puisqu'il s'agit précisément d'un fait dont son adversaire n'a pas eu connaissance.

DROIT FRANÇAIS.

DES SUBSTITUTIONS FIDÉICOMMISSAIRES.

Aborder immédiatement l'explication des articles du Code civil relatifs aux substitutions serait, à notre avis, s'exposer à ne pouvoir prendre de cette matière qu'une intelligence tout à fait incomplète. — Né chez les Romains; adopté par nos ancêtres, qui s'en firent un instrument au service de leurs idées ou de leurs préjugés, le fidéicommis trouve encore sa place dans notre Code, où, pour la troisième fois, il change de but et revêt un nouveau caractère. Déjà nous avons étudié quel il fut en droit romain, à quelle fin il y était employé; remontons maintenant un peu dans notre ancienne jurisprudence, et cherchons-y brièvement la solution des questions analogues.

HISTORIQUE.

L'esprit aristocratique des anciens Français est bien connu ; ceux qui ont illustré leur nom, acquis une grande fortune, fondé une maison puissante, veulent à tout prix assurer la perpétuité à ce nom, à cette fortune, à cette maison.

La condition indispensable pour atteindre ce but était que les biens du père, lorsque celui-ci viendrait à mourir, au lieu de s'éparpiller entre tous les enfants, se concentrassent entre les mains d'un seul d'entre eux, de l'aîné par exemple. Celui-ci se trouverait ainsi chargé de maintenir la haute position de la famille, l'éclat du titre et la gloire du nom.

Ce n'est pas tout. Cette expropriation des droits naturels des frères et sœurs au profit de ce que Montesquieu n'a pas craint d'élever au rang d'intérêt public, devait se répéter à chaque génération.

Le fidéicommis du droit romain, qui permettait, comme nous en avons fait la remarque, de créer, à côté de l'ordre légal, un ordre de succession dépendant tout à fait de la volonté du disposant, était merveilleusement apte à produire ce résultat. On l'adopta donc, et l'usage en devint universel.

Le nom de *fidéicommis* fut remplacé par celui de *substitution fidéicommissaire* et même simplement de *substitution*, bien qu'il fût très-rare que les textes romains employassent cette expression dans ce sens, elle y désignait presque toujours la substitution vulgaire. Quoi qu'il

en soit, nous nous conformerons à cette nouvelle termi-
nologie.

Ici se place une observation importante au point de
vue de l'interprétation à donner aux volontés d'un disposant. En droit romain, où le fidéicommis n'était le
plus souvent qu'une manière plus simple d'instituer un
héritier ou de faire un légataire, on supposait naturellement que le fiduciaire était chargé de rendre immédiatement, dès l'instant de la mort du disposant. Dans notre
ancienne jurisprudence, au contraire, que voulait-on ?
créer un mode spécial de succession destiné à perpétuer
les biens dans la famille. On en tirait la conclusion que
le fiduciaire ou grevé était quitte en ne restituant les
biens chargés de fidéicommis qu'à son décès, et ainsi
s'interprétait toujours la volonté de l'auteur de la substitution.

« Le grevé, dit Thévenot, est présumé n'avoir été
« chargé de rendre qu'à sa mort, à moins qu'il n'y ait
« dans la substitution quelque terme ou quelque cir-
« constance qui indique le contraire..... D'où il suit
« que, dans notre usage, la condition de la mort du grevé
« n'a pas besoin d'être annoncée ni expressément, ni im-
« plicitement ; car, notre usage habituel n'étant de ne
« substituer que pour rendre pour le temps du décès du
« grevé, il est juste de croire que le substituant l'a en-
« tendu de la sorte, si le contraire n'est établit. »

Berger sur Ricard assure que nous ne connaissons pas,
en France, de substitutions pures et simples qui s'ouvrent
aussitôt que le grevé a recueilli.

Le mot *substitution* a donc pris, en français, un sens
tout spécial. Ce n'est plus un fidéicommis quelconque,

pur et simple ou à terme, ou conditionnel, mais un fidéicommis *sub incerto die mortis fiduciarii*, c'est-à-dire
fait à la charge, par le fiduciaire, de conserver pendant
sa vie et de rendre, à sa mort, les biens qui en sont
l'objet.

Cette matière fut longtemps gouvernée par les seuls
principes du droit romain accommodés, par les interprètes, à la réalisation des idées que nous connaissons.
Comme sous l'empire des lois romaines, on put faire
des substitutions graduelles à l'infini, les renfermer
dans toute espèce d'acte contenant une libéralité soit à
cause du mort, soit entre vifs; employer, pour exprimer
sa volonté, tous les termes imaginables, et, quand cette
volonté n'apparaissait pas assez claire et assez précise,
on ouvrait aux conjectures le champ le plus libre et le
plus vaste.

Il naquit de cela bien des inconvénients auxquels de
nombreuses ordonnances cherchèrent à porter remède.

D'abord cette faculté de fidéicommisseur à perpétuité,
en mettant pour toujours certains biens hors du commerce, froissait les intérêts économiques et, ce qui
parut plus sensible peut-être, coupait court aux droits
fiscaux perçus sur les mutations entre vifs. L'ordonnance
d'Orléans (1560), art. 57, défendit que les substitutions
futures eussent plus de deux degrés, non compris l'institution, et l'ordonnance de Moulins, postérieure de six
ans, statuant sur les substitutions antérieures dont ne
s'était pas occupée celle d'Orléans, les limita, pour
l'avenir, à quatre degrés, toujours sans y comprendre
l'institution. Ces principes furent consacrés par l'ordonnance du mois d'août 1747. Depuis cette der-

nière ordonnance, qui adopte sur ce point la jurisprudence des parlements de Paris et de Bordeaux, les degrés se comptèrent *par tête*, exceptée cependant à Tou-
louse, où le parlement avait rendu un arrêté portant que,
dans son ressort, sous le bon plaisir du roi, on conti-
nuerait, comme par le passé, à les compter *par souche*.

L'effet ne répondit pas à ce qu'on attendait de ces dispositions, restrictives, car, le plus souvent, celui entre
les mains duquel les biens arrivaient enfin libres de
substitution s'empressait de les grever d'une nouvelle, si
bien que, en fait, les substitutions n'avaient pas cessé
d'être perpétuelles.

Toute substitution, fût-elle limitée à un seul degré,
présentait un danger sérieux, celui de tromper les tiers.
Ceux-ci, voyant des biens entre les mains du grevé et
ignorant sous qu'elle condition ils s'y trouvaient, se sen-
taient tout disposé à traiter de ces biens avec cet homme,
qui cependant n'avait sur eux qu'une propriété résoluble. De là des troubles auxquelles aurait mis fin, s'il
eût été exécuté, un édit de Henri II, promulgué en 1553,
et ordonnant la publication des substitutions. Mais on
ne voulut voir dans cette disposition législative qu'un
moyen d'alimenter les nouveaux offices de greffier que ce
prince venait d'établir, et elle n'eût aucune suite. Ce fut
l'ordonnance de Moulins qui reprit cette idée et la con-
sacra dans son art. 57. Cette partie du droit fidéicommissaire fit l'objet des déclarations des 10 juillet 1566,
17 novembre 1690 et 18 janvier 1712, et fut définitivement consacrée, réglementée et généralisée par l'ordonnance de 1747.

Nous avons parlé des substitutions conjecturales. On

appelait ainsi celles que les interprètes du droit romain avaient introduites, en se fondant sur la loi 64, D., *De leg*. 2°, mal interprétée. Ils décidaient que, dans telle ou telle hypothèse qu'ils forgeaient eux-mêmes, il y aurait une substitution. Or, comme ces interprêtes furent nombreux et doués de beaucoup d'imagination, il en résulsulta une telle foule de conjectures que, avec un peu de bonne volonté, il n'y eût guère de circonstance où l'on pût voir une substitution. Il n'en fallait pas d'autre pour embrouiller fort la matière des substitutions, si bien que d'Aguesseau ne rendait que l'exacte vérité quand il disait, dans le préambule de l'ordonnance de 1747, que « la matière des fidéicommis, fort simple dans son ori-« gine, était devenue beaucoup plus composée....., en « sorte que, par un événement contraire aux vues de « l'auteur de la substitution, il était arrivé que ce qu'il « avait ordonné pour l'avantage de sa famille, en avait « causé quelquefois la ruine. » Et plus bas : « Loin de « vouloir donner la moindre atteinte à la liberté de faire « des substitutions, nous ne nous sommes proposés que « de les rendre plus utiles aux familles, et votre appli-« cation à prévenir toutes les interprétations arbitraires « par des règles fixes et uniformes ne servira qu'à faire « respecter encore plus la volonté des donateurs et des « testateurs, en les obligeant seulement à l'expliquer « d'une manière plus expresse. » Comme nous le voyons, le chancelier constatait le mal et en même temps y portait remède. Désormais les substitutions ne seront plus admises sur simples conjectures. L'art. 19, tit. I, de l'ordonnance en contient un exemple remarquable.

Il faut noter ici, à propos de l'interprétation à donner

aux volontés des disposants, que les lois romaines avaient conservé leur autorité dans les espèces qu'elles prévoyaient, et que, malgré la prohibition de l'arbitraire, comme on ne pouvait empêcher les questions de fait de se présenter, il y avait toujours nécessairement un certain champ abandonné à la discrétion du juge. N'oublions pas qu'alors on était sous l'empire d'une législation favorable aux substitutions; qu'elles étaient, d'ailleurs, d'un fréquent usage; le magistrat devait donc se trouver assez naturellement porté à admettre que l'intention du disposant avait été d'en établir une.

Ces considérations sommaires nous suffiront pour aborder l'explication de la partie moderne de ce droit. Du reste, à propos de l'art. 896 du Code civil, et surtout des art. 1048 et suivants empruntés, ceux-ci, presqu'en entier à l'ancienne législation, nous serons forcé bien souvent de nous reporter à ce vieux droit et d'en traiter même en détail certains points. Nous rendrons ainsi moins incomplet ce que nous venons d'exposer, et, en même temps, nous pénétrerons mieux l'esprit et la pensée des rédacteurs de notre Code.

Bien avant que n'éclatât notre Révolution, les inconvénients indispensables des substitutions avaient fait mettre en doute leur légitimité. Montaigne disait déjà : « Nous prenons un peu trop à cœur ces substitutions « masculines et proposons une éternité ridicule à nos « noms. » Sans multiplier les citations, nous ajouterons encore ces paroles de d'Aguesseau, que M. Troplong préfère de beaucoup aux considérations de Montesquieu. (*Esprit des lois*, liv. 5, ch. 9) : « L'abrogation entière de « tous les fidéicommis serait peut-être, comme vous le

« pensez, la meilleure de toutes les lois. » Mais
l'orgueil aristocratique qui avait fait la fortune des
substitutions les soutenait encore. Elles ne disparurent
qu'en 1792, sombrant précisément avec l'ancien régime
social et politique dont elles étaient une des expres-
sions les plus caractérisées.

La loi des 25 octobre 14 novembre 1792 qui les abolit
est ainsi conçue : « La Convention nationale... décrète
ce qui suit :

Art. 1.— Toutes substitutions sont interdites et prohibées à l'avenir.

Art. 2. — Les substitutions faites avant la publication
du présent décret, par quelques actes que ce soit, qui ne
seront pas ouvertes à l'époque de ladite publication, sont
et demeurent abolies et sans effet.

Art. 3. — Les substitutions ouvertes lors de la publication du présent décret, n'auront d'effet qu'en faveur
de ceux seulement qui auront alors recueilli les biens
substitués, ou le droit de les réclamer.

Cette loi, comme nous l'avons déjà fait prévoir et comme
nous le démontrerons plus amplement sur l'art. 896 du
Code civil, eut les meilleures raisons du monde pour
abolir les substitutions, mais il faut reconnaître qu'elle
est empreinte d'un esprit de réaction trop fortement accusé, puisqu'elle va jusqu'à lui donner un effet rétroactif.
En déclarant dans l'art. 2 que les biens seraient libres
entre les mains du grevé alors même qu'il existait des appelés lors de sa promulgation, cette loi porte atteinte à ce
qui était, pour ces appelés, non point seulement une espé-
rance, mais un véritable droit acquis, quoique conditionnel.

L'expérience démontra bientôt qu'un autre reproche pouvait être adressé à cette loi : elle n'avait pas su éviter le double écueil que nous allons signaler.

En déclarant nulle la charge de substitution ajoutée à une libéralité, la loi de 1792 mettait le grevé entre la nécessité de manquer à ses devoirs de citoyen, en restituant malgré la prohibition légale ; ou d'honnête homme, en ne remplissant pas les charges que son bienfaiteur avait mises à son bienfait. D'un côté violation de la loi ; de l'autre violation de la volonté du disposant.

Nous verrons comment l'art. 896 du Code civil a su concilier ces intérêts opposés.

Des substitutions fidéicommissaires sous l'empire du Code civil.

Fidèle aux traditions révolutionnaires, le Code civil commença par consacrer la prohibition des substitutions fidéicommissaires. Il n'admit à ce principe qu'une seule exception, fondée, comme nous le verrons, sur l'intérêt de la famille, sainement entendu.

Mais les événements politiques ne devaient pas tarder à modifier ce droit primitif. Ce fut d'abord Napoléon qui ressuscita, en faveur de sa noblesse de fraîche date, les majorats, c'est-à-dire la plus aristocratique de toutes les substitutions, puisqu'elle grève les biens qui en font l'objet, d'un fidéicommis perpétuel au profit de la dépendance mâle et par ordre de primogéniture. Cette matière fut réglée par un sénatus-consulte du 14 août 1806 et par un décret du 1er mars 1808, et une foule d'autres actes législatifs. Il en résulta pour l'art. 896 un troisième alinéa ainsi conçu : « Néanmoins les biens libres formant la dotation d'un titre héréditaire que l'Empereur aurait érigé en faveur d'un prince ou d'un chef de famille, pourront être transmis héréditairement, ainsi qu'il est réglé par l'acte du 30 mars 1806 et par celui du 14 août suivant. »

La Restauration adopta les majorats. Ce ne fut qu'en 1835 qu'une loi fut portée qui défendit d'en instituer de nouveaux à l'avenir et ne permit pas à ceux qui étaient déjà créés dé comprendre plus de deux degrés, sans tenir compte de l'institution.

En 1826 parut une loi qui montrait clairement qu'elles étaient à cette époque les aspirations d'une certaine classe de la société et quelle tournure on essayait de faire prendre à l'esprit public. En vertu de cette loi, on pouvait, en disposant de la portion disponible de ses biens, la grèver de substitution au profit de l'un ou de plusieurs des enfants ou de tous les enfants du bénéficiaire. Cette substitution pouvait avoir deux degrés. C'est encore à cette époque que l'on esssaya, mais vainement, de faire établir par le pouvoir législatif, un préciput légal en faveur de l'aîné.

Ces tentatives anti-démocratiques n'eurent pas grand succès, et jusqu'en 1849, époque où fut votée sur le rapport de M. Valette, une loi abolitive de celle de 1826, on ne vit que rarement les chefs de famille user de ce nouveau genre de disposition.

Nous sommes maintenant replacés sous l'empire du Code civil, tel qu'il est sorti des mains de ses rédacteurs. Nous aurons donc à nous occuper :

Premièrement : des substitutions prohibées;

Deuxièmement : des substitutions exceptionnellement admises.

PREMIERE PARTIE

DES SUBSTITUTIONS PROHIBÉES.

Toute cette partie ne sera que le développement de l'article 896 du Code civil, qui est ainsi conçu : « Les substitutions sont prohibées. Toute disposition par laquelle le donataire, l'héritier institué, ou le légataire, sera chargé de conserver et de rendre à un tiers, sera nulle même à l'égard du donataire, de l'héritier institué, ou du légataire. »

Nous aurons à voir :

I. Quelles sont précisément les dispositions que cet article prohibe sous le nom de substitutions.

II. Quelle est la sanction de cette prohibition.

III. Quelles sont les règles à suivre dans l'interprétation des dispositions attaquées comme contenant une substitution prohibée.

IV. Quels sont les effets de la nullité ou de la caducité de l'une des libéralités dont se compose une substitution.

V. Quels modes de preuve sont admis pour établir l'existence d'une substitution.

I.

Quelles sont précisément les dispositions que prohibe l'art. 896 sous le nom de substitutions.

C'est dans les notions historiques que nous avons précédemment développées et dans l'exposé des motifs de notre article qu'il nous faut chercher la solution de cette question.

Nous ne reviendrons point sur ce point de l'histoire de notre droit, et quant à l'exposé des motifs nous ne pouvons mieux faire que de résumer ce que Bigot-Préameneu a si bien dit au Corps légistatif, dans la séance du 2 floréal an XI.

Les substitutions, que l'esprit de fraude introduisit dans le droit romain, et que l'ambition perpétua chez nous, sont tout à la fois contraires à la justice, puisque, dans un intérêt d'orgueil, elles dépouillent, au profit d'un seul, tous les membres de la famille, des droits fondés sur les plus légitimes espérances; au bon ordre et à la paix publique, puisqu'elles allument entre frères et sœurs les haines si vivaces que fait naître l'intérêt froissé; puisqu'elles sont l'origine d'une foule de procès sur l'interprétation de la volonté du disposant, sur la composition de son patrimoine, sur la part à en distraire, sur l'omission et l'irrégularité des formes à observer. Tout moyen semblait bon pour tâcher de retenir quelque parcelle de cette fortune à laquelle on se croyait un droit et qu'on sentait s'échapper.

Elles portaient encore atteinte à l'intérêt économique en empêchant la circulation des biens; à l'amélioration des patrimoines : faire peu de frais et retirer beaucoup de profit était le seul mobile de ces espèces de propriétaires sous condition résolutoire que l'on appelait grevés.

Elles donnaient à ces grevés une trompeuse apparence de richesse à laquelle les tiers se laissaient prendre, et chaque génération, au grand détriment du crédit, était marquée par une honteuse faillite.

Enfin chaque particulier, pouvait, au moyen de ce mode de disposer, établir, pour tels ou tels biens, à côté de l'ordre légal des successions, un ordre tout spécial, n'émanant que de sa volonté, qu'il plaçait au-dessus de la sagesse de la loi. De là les complications les plus nombreuses et les difficultés le plus inextricables dans le règlement des successions.

Voilà ce que notre article prohibe et avec toute sorte de raison. Qu'on ne nous objecte pas, que le droit de substituer fidéicommissairement n'est que la conséquence du droit naturel, que nous avons, de disposer de nos biens à titre gratuit soit entre vifs, soit par testament : la première règle du droit naturel est que l'exercice de notre liberté se limite là où précisément il deviendrait un péril pour ceux avec lesquels nous sommes appelés à vivre; et ce que nous venons de dire des substitutions, montre aussi clairement que possible que leur pratique est incompatible avec la sécurité sociale.

Nous sommes maintenant en mesure d'assigner à la prohibition contenue dans l'art. 896 son étendue parfaitement limitée.

Ce qu'il proscrit, c'est la substitution de notre ancien

droit, telle que, dans leurs idées aristocratiques, nos pères l'avaient conçue et pratiquée.

Or cette substitution, que l'on peut définir : « Une disposition de l'homme, par laquelle, et gratifiant quelqu'un expressément ou tacitement, on le charge de rendre la chose à lui donnée à un tiers que l'on gratifie en seco nd ordre, » était marquée des caractères suivants :

1° Elle comprenait deux libéralités, l'une que l'on appelait *directe*, parce qu'elle arrivait directement du disposant au grevé; l'autre que l'on appelait *oblique* parce qu'elle n'arrivait à l'appelé que *obliquo modo*, c'est-à-dire par l'intermédiaire, par le canal du premier gratifié. C'est la *double transmission à titre gratuit*.

2° La propriété reposait d'abord pleine et entière sur la tête du grevé, mais ce n'était qu'une propriété temporaire, destinée à s'éteindre à l'arrivée de l'événement qui ouvrirait la substitution. Il ne faut point, dans la rigueur des principes, donner à cette extinction le caractère d'une résolution, avec effet rétroactif au jour de la donation ou du décès du disposant, car si nous supposons qu'à cette époque, il n'y eût pas encore d'appelés conçus, on arriverait par cette assimilation, à trouver un certain laps de temps, pendant lequel la propriété n'aurait reposé sur la tête de personne. Le second caractère se nomme *le trait de temps*.

3° Le trait de temps avait pour durée précisément celle de la vie même du grevé. C'est là le caractère prédominant et spécial qui fait que l'on arrive, par la substitution à créer un ordre de succession arbitraire : l'*ordo successivus*.

4° Enfin les appelés devaient être capables de recueillir au jour où s'ouvrait la substitution, leur vocation était donc essentiellement conditionnelle. C'est l'*éventualité*.

S'il fallait ajouter encore à la preuve, que c'est bien ainsi qu'il convient d'interpréter l'art. 896, nous dirions :

Le Code admet (art. 1121). La donation faite à quelqu'un avec charge, pour celui-ci, de rendre à un tiers tout ou partie de l'objet donné. Cette charge peut être pure et simple, à terme ou conditionnelle.

Il admet encore les legs à terme et les legs conditionnels (art. 1140-1141).

Or dans ces différents cas on trouve toujours la charge de conserver et de rendre, que l'art. 896 semble proscrire absolument. Où donc chercher le caractère séparatif entre la charge permise et la charge prohibée, si ce n'est dans les traditions de notre ancien droit? Et voilà précisément pourquoi l'art. 896 ne parle que des *substitutions* et non des *fidéicommis*. Ceux-ci sont en effet admis dans notre droit où, grâce à l'absence de formalisme, ils se confondent avec les donations et les legs faits *sub modo* ou faits conditionnellement.

Une autre preuve se tire de la nature même des libéralités permises exceptionnellement au principe de la prohibition des substitutions. Dans les majorats comme dans les dispositions du chapitre VI, liv. III, t. 2, la charge de rendre ne prend naissance qu'à la mort du grevé, au profit des appelés alors capables.

Enfin il est bien évident que le mot substitution ne désigne dans notre article, ni les substitutions pupillaire et exemplaire, défendues par cela seul que le Code ne les admet pas expressément; ni la substitution vulgaire, qu'admet l'art. 897, qui semble même ne pas la comprendre parmi les dispositions que le législateur français qualifie de substitutions.

L'art. 896 est général. Il prohibe aussi bien la substitution conditionnelle que celle dont l'ouverture n'est soumise qu'à la condition essentielle à toute disposition de ce genre, c'est-à-dire à la survie des appelés au grevé, et qu'on appelle, pour cette raison, substitution pure et simple.

II

Comment est sanctionnée la prohibition des substitutions
fidéicommissaires.

Cette sanction consiste dans la nullité des deux libéralités, la directe et oblique.

Ordinairement (art. 900) dans les actes à titre gratuit les conditions impossibles, contraires aux bonnes mœurs, ou aux lois sont réputées non écrites : *Vitiantur et non vitiant.* Pourquoi s'être écarté de ce principe en matière de substitution? C'est qu'il n'y avait réellement que ce moyen d'éviter le double écueil, que nous avons signalé en parlant de la loi de 1792, qui mettait le grevé dans la nécessité de méconnaître la volonté du législateur ou les intentions du disposant. Quand je donne ma maison à Pierre à la charge, à son décès, de la rendre à Paul, est-ce que je fais deux libéralités n'ayant entre elles aucune relation? Pas le moins du monde; je les coordonne au contraire de façon à en faire une disposition indivisible. Maintenir la donation faite à Pierre en la dégrevant de la substitution serait tout à la fois mal interpréter ma volonté et engager Pierre dans une impasse, d'où il ne sortirait qu'en violant la loi ou un devoir de conscience (1).

On a cependant élevé des controverses sur le point que nous venons d'établir, et prétendu qu'on devait appliquer ici le principe général de l'art. 900.

L'art. 896, a-t-on dit, ne frappe de nullité que « *la disposition par laquelle le donataire, l'héritier institué, ou le légataire sera chargé de conserver et de rendre à un tiers,* » c'est-à-dire seulement la clause qui renferme la substitution. Si on avait voulu annuler l'institution elle-même, on se serait exprimé tout autrement, on aurait dit, par exemple : « *Toute disposition contenant charge de conserver et rendre est nulle.* »

Quant à ces mots : « *sera nulle, même à l'égard du donataire...* » Ils signifient simplement que le donataire n'aura pas d'action contre le premier gratifié.

L'orateur du Tribunat, M. Jaubert, parlant de l'effet des substitutions prohibées, s'exprimait ainsi : « Je donne ma maison à Pierre à la charge de la rendre à Jean, c'est une disposition qui sera nulle, même *en faveur* de Pierre. » N'est-ce pas dire que Pierre profitera de la nullité, qu'il conservera l'objet donné sans être forcé de le rendre ?

Pourquoi déroger aux règles générales ? Est-ce que le but de la loi n'est point ainsi parfaitement atteint ?

---

(1) Il y avait, selon M. Mourlon, un parti plus sage à prendre pour se conformer, sans aucun danger, à la volonté du disposant, c'eût été de transformer le droit du grevé en un simple droit d'usufruit.

Les réponses sont faciles :

D'abord la lecture de l'art. 896 faite sans idée préconçue proteste contre ce système.

L'admettre, c'est avouer que cet article n'est qu'une suite de répétitions inutiles. Les substitutions sont prohibées : tout est dit. Pourquoi ajouter ensuite qu'elles sont nulles; pourquoi exprimer encore que l'appelé, en vertu d'un titre nul, n'aura pas d'action.

Le texte même répugne à l'interprétation que lui donnent nos adversaires. Qu'annule-t-il en effet? « *La disposition par laquelle le donataire, etc., est chargé de conserver et rendre.* » Mais la substitution, envisagée isolément, n'est pas du tout une disposition, c'est une modalité de la disposition. La disposition c'est le concours des deux libéralités, liées entre elles par la volonté du disposant, de manière que la seconde serve de modalité et de restriction à la première. Voilà le sens du mot disposition dans notre article, comme le prouvent du reste les articles 897, 1048, 1049 et 1050, où le même mot est employé dans le même sens.

Quant à la phrase de M. Jaubert, c'est lui donner un sens plus que divinatoire que de l'interpréter en faveur de l'opinion contraire à la nôtre. Enfin les motifs de raison sur lesquels nous nous sommes fondé, répondent péremptoirement à la prétention qu'affiche le système adverse d'atteindre le but que s'est proposé le législateur.

L'institution, la donation ou le legs n'est frappé de nullité que pour la partie seulement qui a été grevée de substitution, quand tous les biens qui en font l'objet n'ont pas été soumis à cette charge.

Il nous reste à examiner maintenant à qui cette nullité

profite et qui, dès lors, peut agir pour la faire prononcer.

Le donateur lui-même, ses héritiers et ayants-cause, les héritiers *ab intestat* du testateur, en un mot tous ceux que léserait l'exécution de la donation, de l'institution ou du legs. Nous accorderons aussi ce droit au légataire universel, dans l'hypothèse d'un legs particulier grevé de substitution, mis à sa charge. Mais il faut que le legs universel ne soit lui-même grevé d'aucune substitution. Voici l'espèce : « Je lègue à Jacques l'universalité de mes biens; je lègue à Pierre ma maison avec charge de la conserver et de la rendre après sa mort à Paul.» (Demolombe, xviii, n° 191.)

La nullité qui sanctionnne la prohibition des substitutions est d'ordre public. Il en résulte :

1° Que l'héritier légitime lui-même ne pourrait pas, au moyen d'un acquiescement ou d'une ratification, renoncer à son action en nullité;

2° Que le disposant ne pourrait pas établir une clause pénale contre ses héritiers, pour le cas où ils attaqueraient une substitution qu'il aurait faite.

III.

Règles d'interprétation.

Plus est sévère la sanction destinée à procurer aux lois leur accomplissement, moins on doit être facile à reconnaître dans les manifestations douteuses de la volonté des parties, l'intention d'éluder les prescriptions législatives.

Qu'on admit aisément en droit romain et dans notre

ancienne jurisprudence, qu'un donateur ou un testateur avait voulu faire une substitution, cela se comprend : c'était là une disposition favorable très usuelle. On avait donc grande chance, en décidant ainsi, de rencontrer juste. Mais interpréter de même aujourd'hui, ce serait arriver à détruire de fond en comble la disposition, au mépris de cette règle de bon sens : *Actus intelligendi sunt potius ut valeant quam ut pereant.* Est-il raisonnable de supposer que le disposant a entendu contrevenir aux prohibitions du Code et ne faire qu'un acte compléte-me nul?

Lors donc qu'une disposition prêtera à l'ambiguïté; quelle sera susceptible d'être entendue soit comme substitution prohibée, soit comme libéralité modale admise par notre droit, il faudra, sans aucune hésitation, l'interpréter en ce dernier sens, qui seul peut lui donner quelque effet.

Tels sont les principes dont nous allons faire l'application à une série d'espèces, que nous allons successivement parcourir.

I. Pour constituer une substitution, avons-nous dit, il faut nécessairement deux libéralités, l'une en faveur du grevé, l'autre en faveur de l'appelé. De là cette question : un héritier *ab intestat* du disposant peut-il jouer le rôle, soit de grevé, soit d'appelé?

Pour la négative, on a fait observer que cet héritier n'était point gratifié, qu'il ne faisait, en recueillant les biens du *de cujus*, que d'user d'un droit que la loi attachait à sa qualité. Que d'ailleurs l'art. 896 suppose dans son texte qu'un héritier institué, un légataire ou un donataire peuvent seuls être chargés d'un fidéicommis.

Une autre opinion ne lui permet pas de jouer le rôle de grevé par toutes les raisons que nous avons exposées ; mais ne lui interdit pas celui d'appelé. Alors en effet, il y a eu, de la part du *de cujus*, une disposition, la première libéralité, qui a sensiblement altéré la vocation de l'héritier *ab intestat*, ou plutôt qui l'a dénuée de toute espèce de force.

Pour nous, nous croyons qu'on peut aussi bien substituer à la charge, qu'au profit de son héritier *ab intestat*. D'abord nous sommes en cela d'accord avec la tradition ; ensuite, il nous paraît évident que dans tous les cas, il intervient un acte qui modifie la vocation légale de l'héritier *ab intestat* et le change en une personne qui, désormais, tient son droit de la volonté du disposant.

Enfin la conclusion du système contraire serait, dans un grand nombre de cas, l'anéantissement de la règle prohibitive des substitutions.

II. L'art. 951 porte que le donateur peut stipuler le droit de retour des objets donnés, soit pour le cas du prédécès du donataire seul, soit pour le cas du prédécès du donataire et de ses descendants. Cet article ajoute : Ce droit ne pourra être stipulé qu'au profit du donateur seul.

Quoique le donataire soit obligé de conserver et de rendre à sa mort, il n'y a point là de substitution, car le donateur ne pouvant se donner, même conditionnellement, ses propres biens, nous ne trouverons jamais les deux gratifiés destinés à remplir les différents rôles de grevé et d'appelé.

Si nous examinons de près ce droit de retour, nous verrons que ce ne peut être qu'un pacte purement personnel,

5

puisqu'il a pour but unique, de faire revenir les objets donnés aux mains de celui-là même qui les a donnés.

Conséquences :

1re Conséquence : Un donateur ne pourrait stipuler ce droit au profit d'un tiers sans en changer complétement la nature. Ce ne serait plus faire retourner les biens là d'où ils sont partis, ce serait les faire arriver là où ils n'ont jamais été auparavant.

2e Conséquence. Il faut en dire tout autant du cas où ce droit serait stipulé au profit des héritiers du donateur. Celui-ci, en donnant, s'est dépouillé actuellement et irrévocablement; ses héritiers sont donc, relativement aux biens donnés, à considérer absolument comme des étrangers.

3e Conséquence. Le droit de retour ne peut se rencontrer dans une disposition testamentaire, car il serait alors nécessairement stipulé au profit d'un autre que le testateur, c'est-à-dire au profit d'une personne qui n'aurait pas été propriétaire des biens légués.

Si cependant un donateur ou un testateur, avait stipulé ce droit de retour au profit de ses héritiers ou d'un tiers, qu'aurait-il fait?

Évidemment une substitution fidéicommissaire; le deuxième gratifié apparaît et tous les éléments sont réunis : double disposition gratuite ; trait de temps ; ordre successif ; éventualité. — En conséquence tout sera nul.

Et il en devrait être ainsi quand même le droit de retour eût été en même temps stipulé au profit du donateur lui-même, car cela n'empêche pas qu'il n'y ait toujours une substitution prohibée, quoique conditionnelle.—On objecte qu'au moins, en cas de donation, l'art. 951

devrait se suffire et qu'il n'annule pas la disposition tout entière. La réponse est aisée : y-a-t-il une substitution? Oui, nous l'avons démontré. Alors l'art. 896, qui est un article général, doit recevoir son application.

III Du fidéicommis. *De eo quod supererit.*

Certes, si nous devions lui donner le sens qu'il avait en droit romain et dans notre ancienne jurisprudence, il faudrait bien convenir qu'il constituerait une substitution prohibée. Mais ce serait là oublier bien vite les principes que nous avons adoptés pour nous guider dans nos interprétations.

Lorsqu'un homme dispose ainsi : « Vous rendrez à votre mort ce qui vous restera des biens que je vous donne, à telle ou telle personne, » évidemment il a voulu laisser au gratifié liberté complète de disposer et ne lui imposer que la *charge de rendre* et non celle de conserver. Est-ce défendu ? Pas du tout : l'art. 896 ne parle que de la charge de *conserver et de rendre*, et la distinction se comprend fort bien. Dans le fidéicommis *De eo quod supererit*, en effet, ni l'intérêt des tiers n'est compromis, ni les biens ne sont retirés du commerce.

Mais l'appelé a-t-il quelque droit en vertu d'une semblable disposition ?

Non, répond M. Rolland de Villargues. Tout droit suppose une obligation corrélative, et on n'en saurait voir une imposée à ce grevé qui peut disposer *ad nutum* de ces biens que l'on prétend fidéicommissés.

Sans doute, il faudrait adopter cette décision si vraiment le grevé n'était obligé à rendre que sous la condition *si volet* ; mais il n'en est pas ainsi et, pour qu'il ne soit pas véritablement obligé dans notre espèce, il faudra qu'il ait vendu, donné, disposé des biens en quelque façon. Or, c'est laisser aux circonstances un assez large champ pour qu'on ne puisse pas soutenir que tout dépend de la *mera voluntas* du gratifié.

Nous dirons donc que ce fidéicommis est valable et valable dans toutes ses parties.

IV. Clauses d'usufruit.

La première remarque à faire est qu'un droit d'usufruit étant essentiellement personnel, destiné à finir quand mourra le titulaire, ne saurait être l'objet d'un fidéicommis. Si donc j'ai légué un usufruit à Primus, le chargeant de rendre, à sa mort, cet usufruit à Secundus, il n'y a pas là de substitution, mais deux legs; l'un pur et simple en faveur de Primus, l'autre conditionnel en faveur de Secundus. La nécessité que tous les légataires soient au moins conçus au jour du décès du testateur, empêchera qu'on n'établisse sous cette forme l'équivalant d'une substitution.

Une seconde marque, c'est qu'il n'y a pas non plus substitution (l'art. 898 est formel sur ce point) quand on donne ou lègue l'usufruit d'un certain bien à une personne et la nue propriété à une autre. Il y a là deux donations ou deux legs purs et simples, ayant chacun un objet tout différent.

Mais il faut prendre garde à ce que la fraude ne cherche à se servir de ces libertés pour fonder une substitution prohibée. C'est ainsi que nous n'hésiterions pas à annuler, par ce motif, la clause d'un testament qui serait conçue dans l'esprit de celle-ci : « Dans le cas où mon petit-fils Emmanuel Lezé, né du mariage d'Emmanuel Lezé et de dame Louise Dureau, décédés, mourrait sans postérité, je veux qu'il soit réputé n'avoir recueilli qu'en usufruit sur sa tête la moitié de ma succession ; dans le même cas, je lègue la propriété de cette moitié sous condition suspensive à mes neveux et nièces, qui la recueilleront par souches. Si un ou plusieurs de mes neveux et nièces mouraient avant moi, laissant de la postérité, j'appelle celle-ci à prendre la place des père et mère. Il en résulte que mon petit-fils ne possédera la moitié de ma succession que sous condition résolutoire, savoir : qu'il mourra laissant de la postérité. »

En décidant, comme l'a fait la Cour de Cassation le 30 avril 1855, que cette clause est valable, on fournira, comme le dit fort bien M. Demolombe, un passeport aux substitutions prohibées, au moins dans le cas où les appelés seront conçus à l'époque du décès du testateur.

V. Soit un legs ainsi fait : « Je lègue mes biens à Pierre et à Paul, et je veux que la part du prémourant revienne, accroisse au survivant. »

Deux interprétations sont possibles :

1re Le testateur prévoyant le cas où l'un des légataires mourrait avant lui, en a tiré la conclusion que la part de celui-ci accroîtrait au survivant, ce qui était assez inutile à formuler.

2e Le testateur a prévu le cas où les deux légataires recueilleraient ; et alors il a établi une substitution réciproque. Dans l'ancien droit, on n'eût pas hésité à se prononcer en ce dernier sens.

Mais maintenant ce serait arriver à l'annulation de la disposition tout entière. On s'en tiendra donc à la première interprétation. On ne doit pas, il est vrai, supposer facilement que le testateur ait rien écrit d'inutile, mais enfin la première règle à observer est d'interpréter les actes de manière à leur donner effet. D'ailleurs, combien de fois ne voit-on pas des clauses qui pourraient facilement se suppléer ? Ajoutons enfin que les difficultés qui naissent sur les art. 1044 et 1045, relatifs aux cas dans lesquels il y a lieu au droit d'accroissement, peuvent, jusqu'à un certain point, faire comprendre que le testateur ait cru devoir s'expliquer comme il l'a fait.

Nous déciderions de même dans l'hypothèse où le testateur aurait subordonné le droit d'accroissement au cas de prédécès de l'un des légataires *sans enfants*.

Cependant M. Rolland de Villargues fait ici une distinction.

Évidemment, dit-il, cette mention des enfants a un but. Or, de deux choses l'une : ou ces enfants, leur père venant à faire défaut, prendront sa place dans la succession *ab intestat* du testateur, ou ils ne la prendront pas. Dans le premier cas, on comprend très-bien que le testateur n'ait entendu parler que du droit d'accroissement, qu'il subordonnait au prédécès de ces enfants avant l'autre légataire ; mais dans le second, il n'a pu vouloir que faire une substitution.

Qu'importe, en effet, relativement au droit d'accroissement, que les enfants du légataire qui meurt le premier lui survivent ou non ? Ils n'ont aucun droit aux biens, puisqu'ils ne sont ni héritiers, ni institués légataires ? Mais si l'on suppose que leur père a recueilli sa part du legs, comme ils viendront en qualité de ses héritiers à cette part, on s'explique que le testateur, qui n'a songé qu'à la substitution, en ait subordonné l'ouverture à cette condition que le légataire prémourant ne laisserait pas de postérité.

VI. Il était assez d'usage autrefois qu'on instituât quelqu'un, en le chargeant de rendre à une personne qu'il choisissait. C'était la *clause d'élire*. Quel serait maintenant son effet?

Nous ferons une distinction :

Si la clause d'élire est illimitée, indéfinie, comme elle ne charge le grevé de rendre que sous une condition purement potestative de sa part, nous ne verrons là qu'une clause nulle, réputée non écrite, et qui laissera subsister l'institution, le legs ou la donation. (Art. 900.)

Mais si le grevé doit faire son choix entre un nombre de personnes restreint et limité, nous dirons alors, avec Thévenot, que la charge de rendre ne dépend plus de la seule volonté du grevé; que son choix est forcé, de telle sorte que s'il ne le faisait pas, toutes les personnes sur lesquelles il pouvait tomber seraient appelées au fidéicommis, et nous serions forcés de reconnaître alors l'existence d'une véritable substitution.

VII. Terminons en passant en revue quelques formules qui jadis exprimaient certainement la volonté de substituer, et appliquons-y nos règles d'interprétation.

1° « Je substitue Pierre à Paul. » En droit romain, il y avait là l'indice d'une substitution vulgaire.

Dans notre ancienne jurisprudence, où la faveur des substitutions était poussée à l'extrême, l'emploi de cette formule, dont les termes se rapportent aussi bien à la substitution vulgaire qu'à la substitution fidéicommissaire, permettait d'appliquer l'une ou l'autre, suivant le cas qui se présentait. — C'était ce qu'on nommait une *substitution compendieuse.* — Sans aucun doute, nous en reviendrons maintenant à l'interprétation romaine.

Notons que la possibilité d'une substitution vulgaire se comprend même dans une donation, pourvu que cette donation soit conditionnelle. Il va sans dire que le donataire substitué devrait aussi remplir la formalité de l'acceptation.

2° « Je donne, je lègue tel bien à Pierre et je le charge de le rendre à Jacques. »

Le droit romain, à moins de circonstances pouvant faire présumer une volonté contraire chez le disposant, ne voyait là qu'une simple Fiducie, c'est-à-dire donation ou legs avec charge de rendre immédiatement.

Notre ancienne jurisprudence, sous laquelle, nous l'avons vu, le fidéicommis pur et simple était à peu près inconnu, décidait qu'en ces termes on établissait une substitution.

Quant à nous, nous admettrons la décision adoptée par les Romains.

La seule fraude que nous ayons à craindre et à prévenir, c'est qu'on n'ait employé cette voie détournée pour faire arriver les biens à un incapable.

3° Tandis que le droit romain et l'ancienne jurisprudence donnaient force obligatoire aux formules précatives, nous n'y verrons en général qu'un simple conseil, incapable de servir de base à une substitution.

4° C'est dans le même esprit que nous déclarerons non écrite la défense absolue d'aliéner, opposée à une libéralité entre vifs ou testamentaire. Elle n'aura jamais que l'autorité d'un conseil adressé à celui qu'on gratifie, soit dans son intérêt personnel, soit dans l'intérêt de ceux au profit desquels l'aliénation aurait été prohibée.

A fortiori, la simple prohibition de tester n'emporterait-elle pas substitution ?

Multiplier ces exemples serait dépasser les limites ordinaires d'une thèse. Nous pensons d'ailleurs que ceux-ci suffisent pour donner une idée des difficultés que présente cette matière et aider à les résoudre.

Les procès qui s'élèvent sur le point de savoir si une disposition renferme ou non une substitution prohibée, présentent en général deux questions à juger : l'une de fait, l'autre de droit.

La première est relative à la détermination des éléments qui composent l'acte attaqué. La résolution en appartient en dernier ressort aux tribunaux de première instance ou aux cours impériales.

La seconde se présente lorsque des éléments reconnus les tribunaux dont nous venons de parler, tirent la conclusion que l'acte contient ou ne contient pas une substitution, et sur ce point ils sont soumis à la censure de la Cour de Cassation. Il ne serait pas plus permis à une cour impériale qui aurait reconnu qu'un donataire est chargé de conserver et de rendre à sa mort, de juger qu'il n'y a pas substitution, qu'il ne lui serait permis, en reconnaissant qu'un acte bilatéral oblige l'une des parties à livrer à l'autre un certain objet moyennant un prix, de déclarer que cet acte contient un échange et non point une vente.

Il faut reconnaître que dans la pratique la distinction entre les points de fait et les points de droit pourra parfois présenter de sérieuses difficultés.

IV.

*Effets de la nullité ou de la caducité de l'une des libéra-
lités dont se compose une substitution.*

Nous remarquerons d'abord que les deux libéralités
nécessaires pour former une substitution, prises isolément, sont complétement indépendantes l'une de l'autre,
et que l'on conçoit très-bien que l'une d'elles venant à
défaillir, l'autre puisse lui survivre et se maintenir
seule, par sa propre force.

Mais nous observerons en même temps qu'il faut, pour
qu'il y ait substitution, que ces deux libéralités soient
de nature à pouvoir coexister, puisque la substitution
n'est précisément que leur agencement et leur combinaison.

Il résulte de là que si l'une d'elles est frappée de nullité, parce qu'elle est comprise dans un testament nul
en la forme, par exemple, la substitution ne pourra pas
naître. Quant à l'autre libéralité, que ce soit la directe ou
l'oblique, elle aura tout son effet, comme s'il n'eût jamais été question de celle que la nullité a frappé. *A fortiori* en serait-il de même si la nullité de l'une des libéralités résultait de la révocation faite, par le testateur,
du testament qui la contenait. La volonté même du testateur concourrait alors pour faire admettre notre solution.

La question est plus délicate dans l'hypothèse de la
caducité, et voici ce que nous proposerions d'après
M. Demolombe :

Si la caducité précède le moment où les deux libéralités devraient produire leur effet simultané pour que la substitution se formât, cette caducité a pour résultat de valider celle des deux qu'elle n'atteint pas.

Si, au contraire, la caducité n'est que postérieure à ce moment, comme elle résulterait alors d'une renonciation du grevé ou de l'appelé, il faut dire qu'il y a eu un droit acquis pour l'héritier *ab intestat* à la nullité de toute la disposition, droit qui, étant d'ordre public, ne peut disparaître au gré d'un appelé ou d'un grevé.

L'art. 26 du titre Ier de l'ordonnance de 1747, qui déclare que, dans un testament autre que celui d'un militaire, la caducité de l'institution emporte celle de la substitution, ne peut fournir d'objection sérieuse à ce que nous proposons. Cet article, en effet, consacre une règle particulière aux pays de droit écrit, qui, fondée sur la nécessité de l'institution d'héritier pour soutenir le testament, ne saurait trouver place dans notre droit actuel.

V.

De la preuve des substitutions.

Comment établira-t-on l'existence de cette substitution qui, une fois prouvée, va ruiner si complétement la disposition qui la renferme?

Deux opinions sont en présence :

La première, qui n'admet de preuves que celles résultant de l'acte même dans lequel on prétend apercevoir la substitution;

La seconde, qui admet tous les genres de preuve.

Celle-là raisonne ainsi :

Supposons qu'il s'agisse d'une substitution permise, on ne peut en demander l'exécution qu'en la prouvant par la présentation du testament ou de la donation qui la contient. Comment donc concevoir, sans renverser tous les principes, qu'on puisse être admis à établir son existence d'une autre façon lorsqu'elle est prohibée ?

On admet qu'une substitution infectée d'un vice de forme, qui la rend nulle, ne peut produire aucun effet, et qu'alors la disposition principale subsiste. Or, que demandez-vous à prouver ? Qu'une substitution a été faite verbalement; par écrit, sans l'observation des formalités, c'est-à-dire que cette substitution est nulle, et qu'elle ne peut avoir d'effet sur la disposition principale; et vous demandez à établir cette preuve pour faire annuler cette disposition principale ! Mais c'est là, ou jamais, le cas de dire : « *Frustra probatur quod probatum non relevat.* »

Si on objecte que l'on peut prouver par toute espèce de moyens qu'un gratifié capable n'est qu'un prête-nom pour faire parvenir la libéralité à un incapable, nous répondrons qu'il n'y a pas similitude entre les deux hypothèses et qu'on ne peut, par conséquent, tirer conclusion de l'une à l'autre.

Dans le cas de personne interposée, l'articulation de fraude s'attache à une disposition qui est *écrite*, qui existe et qu'il n'est pas nécessaire de supposer; de sorte qu'il ne s'agit que de prouver qu'elle dissimule le véritable gratifié. En un mot, c'est uniquement une question de fraude qui s'élève.

Mais dans la l'espèce qui nous occupe, la question se complique. Pour prétendre que l'institution fait fraude à la loi et doit être annulée, on est obligé de supposer l'existence d'une disposition *qui n'est pas écrite*. Il sagit donc d'établir l'existence de cette disposition et la question se réduit alors à savoir si cette preuve peut être faite n'importe par quel moyen. Nous avons établi que cela ne se peut pas.

Enfin cette solution ne présente aucun inconvénient. Il est bien entendu que la substitution que rien n'établit est nulle, et par conséquent n'impose ni charge de garder, ni charge de rendre ; nous ne sommes plus en présence des périls que l'énergique sanction de l'art. 896 est destinée à conjurer.

Dans la seconde opinion, voici comme on répond, et victorieusement à notre avis, à cette argumentation.

Sans doute, quand on réclame le bénéfice d'une substitution permise, il faut commencer par établir cette substitution, et on ne le peut faire qu'en présentant un acte en due forme. Mais c'est là une hypothèse en dehors de notre question. Nous voulons prouver ici qu'on a fait fraude à la loi, et il est de principe que tous les moyens de preuve sont admis contre la fraude.

Mais qu'importe, poursuit-on, puisque, en la supposant prouvée, cette substitution ne serait jamais qu'une substitution nulle pour défaut de forme, et, par conséquent incapable d'avoir aucune influence sur la donation, le legs ou l'institution ?

Cette objection est plus pressante, mais elle ne nous convainct pas.

D'abord nous soutenons qu'en cas de preuve faite de

cette fraude, la disposition principale tombera, et alors il nous semble que nous sommes dans une position tout fait analogue à celle où nous serions, s'il s'agissait de démasquer le but illégal que se propose une fiducie, de faire parvenir une libéralité à un incapable, par l'intermédiaire d'une personne interposée. Dans ce cas aussi, la libéralité faite au prête-nom est annulée, parce qu'on sait que la confirmer serait précisément aller à l'encontre de la volonté du disposant. Vous tomberez dans la même erreur si vous maintenez, en cas de substitution tacite les effets de l'institution, du legs ou de la donation.

Et ceci nous fournit une réponse péremptoire à la prétention qu'ont nos adversaires d'exposer un système exempt d'inconvénients. Il a cet immense inconvénient au contraire de méconnaître la volonté de l'auteur de la substitution en mutilant sa disposition. Enfin il fait revivre les dangers qu'avait si bien prévenus la sanction contenue dans l'art. 896.

Quant à la différence qu'on prétend exister entre le cas de fiducie et celui qui nous occupe, nous avons peine à l'apercevoir. Dans les deux hypothèses, on dissimule la vérité. Dans celle-là complétement ; dans celle-ci pour partie ; dans les deux hypothèses, le but a été de faire fraude à la loi ; dans les deux hypothèses, en laissant subsister quelque chose de la disposition, on arrive à une interprétation erronée de la volonté de celui qui l'a faite. — En présence de ces similitudes, comment, sur une différence aussi subtile que celle qu'on allègue, échafauder un système aboutissant à une conclusion si diamétralement opposée?

DEUXIÈME PARTIE.

DES SUBSTITUTIONS PERMISES. — PRÉLIMINAIRES.

Le Code civil s'en occupe au Chapitre VI, Livre III, Titre II.

Voici la rubrique de ce chapitre :

Des dispositions permises en faveur des petits enfants du donateur ou testateur, ou des enfants de ses frères et sœurs.

Cet intitulé, dont le législateur a eu soin de bannir le mot odieux de substitution, vous fait soupçonner déjà quel but on s'est proposé en établissant le mode de disposition dont nous allons maintenant nous occuper.

Un père se trouve avoir un fils dissipateur qui, certainement, s'il continue son genre de vie, laissera ses enfants dans la misère et le dénûment; — un oncle craint qu'il n'arrive rien à ses neveux de la fortune qu'il laissera à son frère prodigue et mauvais ménager. — Comment prévenir ce péril.

L'ancienne jurisprudence avait dans le premier cas l'*exhérédation officieuse* puisée dans la loi 16, D. *De curat, fur.*

Le père ne laissait à son fils dont il craignait l'incapacité ou les écarts de conduite, que l'usufruit de sa part héréditaire, réservant la nue propriété à ses petits enfants nés et à naître. — Il fallait que cette exhérédation fût motivée.

Quant à l'oncle, qui voulait pourvoir au bien-être de

ses neveux et les mettre à l'abri des dissipations de leur père, il pouvait recourir à la substitution.

Les rédacteurs de notre Code avaient admis l'exhérédation officieuse, qui formait un chapitre second au titre de la *Puissance paternelle*, mais quand dans la séance du 7 pluviose an XI, au Conseil d'État, on proposa de l'admettre en ligne collatérale, on suscita les débats les plus vifs et les plus longs.

Nous laissons la parole à M. de Molleville :

« On dit qu'un homme sans enfants, ayant la libre disposition de tous ses biens n'avait pas besoin de l'exhérédation officieuse pour les assurer à ses neveux ; qu'il n'avait qu'à les instituer directement ses héritiers ; que si ses neveux n'étaient ni nés, ni conçus, il ne pouvait pas porter une institution sur des êtres imaginaires ; que les motifs qui avaient fait admettre la disposition officieuse en ligne directe, n'avaient pas la même force en collatérale, et que les y introduire, ce serait renouveler les substitutions qui avaient été si justement abolies..... On propose, il est vrai, de les borner à un degré ; mais pour ce degré là même, il faut toujours nommer un curateur à la substitution, remplir toutes les formalités prescrites pour les substitutions les plus étendues, retomber enfin dans tous les embarras de la restitution...»

. Pour la disposition officieuse ou collatérale, on répondit qu'elle devait être plus favorablement accueillie dans cette ligne que dans la directe même, puisque l'on pouvait priver son frère, non seulement de la propriété, mais encore de l'usufruit ; que mal à propos on relevait les mauvais effets des anciennes substitutions ; qu'on n'entendait pas les renouveler, et que ce qu'on propo-

sait ne tendait qu'à donner l'usufruit à l'un et la nue-pro-
priété à un autre, ce qui avait toujours été permis. A la
vérité, on voulait qu'à des degrés tels que de père à ses
petits-enfants, ou d'oncle à ses neveux, on pût donner à
des individus à naître ; mais la loi toute puissante pouvait bien faire cette exception à la règle générale : il im-
portait, dans toute forme de gouvernèment, de conserver les familles, et on ne peut le faire efficacement sans
veiller aussi à la conservation de leurs immeubles.....
Dès que la disposition appellera également tous les enfants nés et à naître, il n'y a plus à craindre les inconvénients qui résultaient d'un seul appelé.

D'après ces réflexions, ce qu'on appelait *disposition
officieuse* (car il fut dit qu'on éviterait le terme de *substitution*), fut adopté en directe et en collatérale, au premier degré. On agita après cela la question de savoir si
la légitime pouvait être aussi comprise dans la substitution, et il fut décidé suivant les anciens principes, qu'elle
ne pouvait pas l'être. On représenta cependant, dans
cette supposition, qu'il aurait mieux valu s'en tenir à l'ancienne disposition officieuse, beaucoup plus favorable
aux vues du père, et à l'intérêt des enfants du dissipateur, puisqu'elle s'étendait à tous les biens recueillis
par le fils ; que le système adopté aurait cet inconvénient
que l'oncle pourrait mieux assurer l'état de ses neveux, que
l'aïeul, celui de ses petits-enfants,... que si un père ayant
plusieurs enfants, dont l'un dissipateur, voulait assurer
la subsistance des enfants de celui-ci, il serait obligé de
l'avantager au préjudice de ceux de ses enfants au premier degré dont la conduite était sage et réglée. Toutes
ces objections furent rejetées par la considération que la

preuve de l'existence du motif sur lequel la disposition officieuse était fondée, pourrait occasionner un procès désagréable pour l'enfant et pour la mémoire du père. »

Nous ajouterons qu'il y avait quelque chose de malséant et d'immoral dans ce résultat de l'exhérédation officieuse, de mettre un père, pour ainsi dire, à la merci de ses enfants.

Nous diviserons de la manière suivante nos explications sur les substitutions permises.

I. Notions générales.

II. Des formalités à observer dans ces substitutions.

III. Des effets des substitutions autorisées.

IV. De leur ouverture.

Avant d'entamer le n° 1 de notre division, faisons cette remarque générale, que nous devrons toujours avoir présente à l'esprit, à savoir que nous sommes ici dans une matière exceptionnelle, qu'il faudra bien se garder d'étendre hors des limites que la loi lui a fixées : « *Exceptiones sunt strictissimæ interpretationis.* »

I.

Notions générales.

§ 1. — Quelles personnes peuvent, dans une substitution permise, jouer les différents rôles de substituant, de grevé ou d'appelé.

Les articles 1048 et 1049 répondent à cette question.

Les pères et mères ; — les frères et sœurs, ceux-ci en cas de mort, sans enfants, — peuvent donner, en tout ou partie, les premiers, à un ou plusieurs de leurs enfants; les seconds, à un ou plusieurs de leurs frères et sœurs, les biens dont ils ont la faculté de disposer, à la charge par les donataires ou les légataires (car cette donation peut être faite par acte entre vifs ou par testament), de rendre ces biens à leurs enfants nés et à naître, au premier degré seulement.

Ici tout est de rigueur.

Un père ne pourrait grever son petit-fils de substitution, au profit des enfants de celui-ci. Qu'on ne nous objecte pas l'identité de raisons : quand cela serait, la preuve que le législateur n'a pas voulu qu'il en fût ainsi, c'est qu'une correction faite en ce sens a nos articles par le tribunat n'a point été adoptée. Puis il y avait un motif pour ne pas l'admettre, c'est que le bas âge du grevé aurait trop reculé l'ouverture de la substitution.

Mêmes motifs pour ne point permettre à un oncle de disposer en faveur de son neveu, sous une semblable modalité.

Dans le cas prévu par l'art. 1049, il faut que celui qui établit la substitution décède sans enfants, ce qui s'applique, sans difficulté, aux enfants légitimes et légitimés. Que décider, il laissait un enfant adoptif?

La présence de cet enfant, dit M. Demolombe annulerait la disposition, parce que l'adoption a pour effet d'écarter les frères et sœurs du disposant de sa succession *ab intestat*, et que les précautions prises par la loi dans votre chapitre VI ont pour but d'assurer à certains héritiers légitimes la conservation de tout ou partie de leurs droits héréditaires.

Ce motif de décider amènera une solution diamétralement opposée quand le disposant ne laissera que des enfants naturels, même reconnus.

Peu importe que le substituant ait des enfants au jour où il fait la donation ou le legs *a fortiori*. Il suffit qu'ils n'existent plus lors de son décès.

On était parti de là pour décider que la survenance d'enfant qui révoque une donation pure et simple ne révoquait pas une donation grevée de substitution, lorsque l'enfant survenu mourait avant le donateur. C'est là une opinion erronée que combat la généralité des termes de l'art. 960. D'ailleurs on ne voit pas pourquoi le prédécès de l'enfant, qui ne fait pas revivre la donation, si elle est pure et simple, aurait cette puissance lorsqu'elle est chargée de substitution.

Le grevé sera donc tantôt le frère, ou la sœur du substituant.

Qnant aux appelés ce seront toujours les enfants légitimes ou légitimés du grevé. Le but, que nous avons reconnu aux dispositions de notre chapitre, empêche que ses enfants naturels ou adoptifs, qui ne se rattacheraient pas au disposant, puissent être choisis pour remplir le rôle de substitués.

Il s'agit des enfants au premier degré de parenté. Tel est le sens grammatical des mots « *au premier degré seulement,* » dans les art. 1048 et 1049.

Quelques auteurs les ont interprétés comme signifiant: *premier degré de substitution*, et en ont conclu, fort justement du reste, que l'on ne pouvait, *omisso medio,* appeler à recueillir les biens substitués, les petits-enfants du donataire ou légataire, celui-ci ayant des enfants au premier degré.

Mais ils ont été plus loin et ont décidé qu'un disposant

pouvait établir une substitution au profit des petits-enfants de son fils ou de son frère quand celui-ci n'avait plus d'enfants au premier degré ; et ils font remarquer que l'on n'a pas ici à objecter une prolongation de la substitution résultant du bas âge du grevé.

Il faut cependant repousser ce système contraire aux textes rigoureux des art. 1048 et 1049.

Le bas âge de l'appelé a au moins cet inconvénient, de rendre plus probable l'ouverture de la substitution et d'exposer ainsi à une action en résolution plus certaine ceux qui auraient pu traiter avec le grevé relativement aux biens substitués.

La substitution ne peut jamais être qu'à un seul degré.

Si le donateur ou testateur, en même temps qu'il substituait au profit des enfants de son fils ou de son frère, avait appelé l'enfant d'un tiers, toute la disposition serait frappée de nullité.

Il en serait de même, quoique ce point ait été controversé, si après avoir établi un premier degré de substitution en faveur des enfants du grevé, il en avait établi un second en faveur de ses petits-enfants.

Dans l'un et l'autre cas on est en dehors des permissions accordées par la loi, c'est-à-dire que l'on tombe dans les substitutions prohibées, matière gouvernée par l'art. 896. Il faut donc appliquer la sanction de cet article, qui a précisément rejeté de notre sujet la règle : *Utile per inutile non vitiatur*, que nous objectent nos adversaires.

Mais si la substitution prohibée ne portait que sur une partie des biens donnés ou légués, la disposition resterait valable pour le surplus. *A fortiori* une telle substitution n'invaliderait-elle pas une substitution *permise* renfermée dans le même acte qu'elle.

La substitution (art. 1050) doit être faite au profit de tous les enfants nés et à naître du donataire ou légataire, sans distinction d'âge ni de sexe. C'est une garantie que cette institution de famille ne dégénérera pas en instrument au service de prétentions aristocratiques.

L'art. 1051, qui ne veut pas que les enfants au premier degré du grevé profitent du prédécès de leurs coappelés, au détriment des enfants que ceux-ci auraient laissés, est conçu dans le même ordre d'idées et, comme le précédent, maintient l'égalité entre les membres de la famille.

Mais si tous les appelés étaient morts avant le grevé, la substitution ne s'ouvrirait pas au profit de leurs enfants. Ces derniers n'y ont en effet aucune espèce de droit. D'abord il n'y sont point appelés et n'ont même pas pu l'être ; ensuite il est de tradition que la représentation n'est point admise dans notre matière (art. 21, ordonn. de 1747). Si l'art. 1051 y apporte une exception, c'est dans le cas spécial et unique, où il existe encore des appelés : nous savons pourquoi. S'il n'en existe plus, la question d'égalité est tout-à-fait hors de cause.

§ 2. — Quels biens peuvent être substitués? — Dans quelle proportion?

Tous biens meubles (1) et immeubles, mais seulement jusqu'à concurrence de la quotité disponible.

---

(1) C'est une différence avec l'ordonnance de 1747, dont l'art. 5, titre I, ne permettait de grever les deniers comptants, meubles, droits et effets mobiliers, de substitution particulière, qu'en cas qu'il eût été ordonné expressément par l'auteur de la substitution, qu'il serait fait emploi des deniers

Quand un héritier à réserve est grevé de substitution au-delà du disponible, il peut intenter l'action en réduction : et ce droit n'est susceptible d'aucune renonciation.

En effet, si la disposition est contenue dans une donation, une telle renonciation serait un véritable pacte sur succession future. Si elle est contenue dans un testament, un autre motif nous fait admettre la même solution, c'est que l'on ne peut renoncer qu'aux droits établis dans un intérêt purement privé. Or, tout ce qui touche aux substitutions, ce qui est relatif aussi bien à leur prohibition qu'aux limites dans lesquelles elles sont exceptionnellement autorisées, est d'ordre public; il n'y peut être dérogé le moins du monde.

II

Formalités.

§ 1. — Formalités intrinsèques.

Toute substitution soit universelle, soit particulière, se trouve dans une donation entre vifs ordinaire, dans une donation par contrat de mariage, ou dans un testament. Nous appliquerons donc, suivant les cas, les règles spéciales à tel ou tel de ces actes, tant pour les formalités à observer, que pour la détermination des biens susceptibles d'être l'objet de la disposition. C'est ainsi qu'on ne peut substituer des biens futurs que par donation contractuelle ou par testament.

L'acceptation du grevé, qui, comme celle de tout autre

---

comptants ou de ceux qui proviendront de la vente ou du recouvrement desdits meubles, droits ou effets mobiliers.

donataire, est requise lorsque la substitution se trouve dans une donation entre vifs ordinaire, suffit pour rendre parfaite la disposition à l'égard des appelés eux-mêmes. Ce point, consacré formellement par les art. 11 et 12 de l'ordonnance de 1747, n'est que la conséquence des pouvoirs de substituer en faveur d'individu à naître, et du principe de l'irrévocabilité des donations entre vifs.

Lorsque j'ai fait une donation pure et simple à mon fils ou à mon frère, qui l'a acceptée, il est évident que je ne puis y opposer de restrictions postérieures : je ne peux donc pas la grever de substitution. Mais rien n'empêche qne je n'impose au même donataire, comme condition d'une seconde libéralité, la charge de rendre les biens contenus dans une première. Il n'y a là rien de contraire aux lois ou à l'ordre public. C'est ce que consacre l'art. 1052. Il faut avoir bien soin de se tenir dans les termes de cet article. La seconde libéralité doit émaner de l'auteur de la première; la charge de rendre ne doit comprendre que des biens venant du disposant, il n'est pas nécessaire toutefois que les biens compris dans la seconde libéralité soient soumis à cette charge.

L'art. 17 de l'ordonnance de 1747 était à peu près conçu comme notre art. 1052, et cependant Pothier n'hésitait pas à permettre que la substitution atteignît d'autres biens que ceux qui provenaient du disposant. L'idée sur laquelle se fondent les art. 1048 et suivants, qui est, comme nous l'avons déjà remarqué, d'assurer la transmission de biens héréditaires, nous empêche d'admettre cette solution, malgré la grande autorité qui l'appuie.

L'art. 1052 se termine ainsi : Il n'est plus permis aux donataires de diviser les deux dispositions faites à leur profit, et de renoncer à la seconde pour s'en tenir à la première, quand même ils offriraient de rendre les biens compris dans la seconde disposition.

Il est bien entendu que la condition apposée à la seconde libéralité ne peut jamais porter atteinte aux droits que des tiers auraient antérieurement acquis sur les biens, objet de la première.

L'auteur d'une substitution peut-il en subordonner l'ouverture à un événement autre que la mort du grevé?

M. Colmet de Santerre a répondu négativement. — Ce serait ainsi, contrairement à l'art. 1050, exclure ceux des appelés qui ne naîtraient que postérieurement à l'époque fixée pour l'ouverture de la substitution. — On peut encore ajouter qu'il y aurait là quelque chose de contraire à l'idée de transmission héréditaire.

Ce ne sont là que des raisons de douter. Les raisons de décider sont que, dans cette hypothèse, l'ouverture ne sera que provisoire; — et enfin que l'art. 1053 prouve clairement que l'ouverture de la substitution n'est pas essentiellement liée à la condition du décès du grevé.

§ 2. — Formalités extrinsèques.

Elles ont pour but la protection des droits des appelés et la sauvegarde de l'intérêt des tiers.

I. *Protection des droits des appelés.*

1° *Nomination d'un tuteur à la substitution.* — Dans notre ancienne jurisprudence, l'usage ne s'établit que très-tard de nommer un tuteur ou curateur à la substitution; Ricard n'en parle pas encore.

L'ordonnance de 1747 en prescrit la nomination dans deux cas seulement : 1° si le premier substitué est sous la puissance paternelle, dans les pays où elle a lieu, et si c'est le père qui est chargé de substitution ; 2° si le premier substitué n'est pas encore né.

Les uniques fonctions de ce tuteur étaient d'assister à l'inventaire, à l'emploi des deniers, et de fournir un adversaire lorsque le grevé élevait des prétentions contraires à la substitution. Il n'était soumis à aucune responsabilité ; aussi ne prenait-on ordinairement, pour remplir ces fonctions, qu'un homme sans consistance ni solvabilité.

Notre Code civil a changé tout cela. (Art. 1055-57.)

Désormais pas de substitution sans un tuteur nommé pour son exécution. Peu importe que les appelés soient majeurs et capables, qu'ils soient pourvus de tuteur, s'ils sont mineurs ou interdits. Il peut naître plus tard des appelés, aux intérêts desquels il faut songer.

Celui qui fait les dispositions autorisées par notre chapitre, peut, par le même acte ou par un acte postérieur en forme authentique, nommer un tuteur chargé de leur exécution. (Art. 1055.)

Cette nomination, malgré les termes restrictifs de cet article, pourrait encore être faite par un acte postérieur en forme de testament olographe. Cette solution, qui ne ferait aucun doute si l'acte renfermait la disposition, doit être admise d'une manière générale. Un père ou une mère ne peuvent-ils pas nommer ainsi un tuteur ordinaire à leur enfant? La nomination d'un exécuteur testamentaire contenue dans un tel acte n'est-elle pas valable?

Art. 1056. « A défaut de ce tuteur, il en sera nommé un à la diligence du grevé ou de son tuteur, s'il est mineur, dans le délai d'un mois, à compter du décès du donateur ou du testateur, ou du jour que, depuis cette mort, l'acte contenant la disposition aura été connu. »

Cette nomination sera faite par le conseil de famille des appelés ; s'il n'y a pas d'appelés, par le conseil de famille du grevé.

La loi nous invite à appliquer les règles prescrites pour la nomination d'un tuteur ordinaire, en décidant elle-même, art. 1055 *in fine*, que ce tuteur ne pourra être dispensé que pour une des causes exprimées à la section 6, du chap. II, du titre de la *Minorité de la tutelle et de l'émancipation*.

Cependant nous pensons (arg. de 1057) que le lieu de convocation du conseil de famille serait celui où s'est ouverte la succession du disposant.

Il faut aussi noter que, dans notre tutelle spéciale, il n'y a lieu ni à nomination de subrogé tuteur, ni à établissement de l'hypothèque légale de l'art. 2221.

C'est donc au grevé qu'il incombe de faire nommer le tuteur à la substitution.

L'art. 1057 contient la sanction de cette obligation : « Le grevé qui n'aura pas satisfait à l'article précédent, *sera déchu* du bénéfice de la disposition ; et, dans ce cas, le droit *pourra* être déclaré ouvert au profit des appelés, à la diligence soit des appelés, s'ils sont majeurs, soit de leur tuteur ou curateur, s'ils sont mineurs ou interdits, soit de tout parent des appelés majeurs, mineurs ou interdits, ou même d'office, à la diligence du procureur impérial près le tribunal de première instance du lieu où la succession est ouverte. »

Il nous semble résulter de ce texte que le grevé qui n'a pas, dans le délai prescrit, provoqué la nomination du tuteur, est *nécessairement déchu du bénéfice de la substitution ;* que les magistrats n'ont aucun pouvoir discrétionnaire.

Cette proposition est vivement controversée. Les termes impératifs « *sera déchu* » sont, dit-on, corrigés par ceux-ci : « *pourra être déclaré ouvert.* » C'est une erreur, car ces derniers mots se rapportent à ce qui suit, « *à la diligence,* » et ne font qu'indiquer qu'il y a plusieurs personnes qui peuvent, à défaut du grevé, provoquer la nomination du tuteur.

D'autres auteurs qui adoptent notre opinion pour le cas où le grevé est majeur et capable, la repoussent, au contraire, comme trop rigoureuse, lorsqu'il est mineur ou interdit. Mais depuis quand voit-on relever un incapable contre les conséquences des omissions et négligences de son tuteur? Les art. 942, 1070, 1663, 2195, 2278, protestent contre une semblable doctrine. De plus, l'art. 1074 nous force de ne point abandonner notre système, alors même que le tuteur du grevé est insolvable.

Pour que cette déchéance soit prononcée, il faut qu'il existe des appelés, car l'art. 1057 la présente comme corrélative à leur envoi en possession. Autrement à qui reviendraient les biens substitués? Aux héritiers *ab intestat* du disposant. Mais cette formalité n'a jamais eu pour but de les protéger! On objecte l'intérêt des appelés à naître, compromis si les biens restent entre les mains de ce grevé; mais le tribunal sera maître d'ordonner telles mesures conservatoires qu'il avisera.

Lorsque l'un des appelés en faveur duquel la substitution s'est ouverte, au moins provisoirement, par application de l'art. 1057, vient à mourir, la part qu'il a recueillie dans les biens substitués accroît tout entière à ses coappelés. Le grevé n'y pourra prétendre aucun droit, même comme héritier, car la déchéance qu'il a encourue cesserait alors de produire tout son effet.

Cette déchéance étant une peine, ne doit avoir effet qu'à l'encontre du grevé. Elle n'est donc point opposable à ses créanciers ou aux tiers qui auraient contracté avec lui, au sujet des biens substitués, et ce, alors même que la substitution aurait été transcrite.

Ce qui concerne les obligations et la responsabilité du tuteur à la substitution se trouvera développé dans le cours des explications sur les antres parties de notre matiére.

2° *Inventaire* (art. 1058-61). — Il a pour but de constater régulièrement quels sont les biens substitués et quelle est leur valeur.

Nous savons qu'un inventaire ne concerne jamais que des meubles. Aussi sera-t-il prudent d'y joindre un état des immeubles, dressé en présence du tuteur de la substitution, ou lui dûment appelè.

Si c'est une donation ou un legs particulier qui est grevé de substitution, l'inventaire cesse d'être nécessaire. Dans le premier cas, la donation renferme le détail et l'estimation : dans le second l'objet substitué se trouve suffisamment désigné par le testament.

Lorsqu'il y a lieu à faire l'inventaire, il doit comprendre tous les biens et effets qui composent la succession du disposant. Il contiendra la prisée à juste prix des meubles et effets mobiliers.

Il sera fait à la requéte du grevé de substitution, dans les trois mois de l'ouverture de la succession, en présence du tuteur nommé à l'exécution, ou lui dûment appelé. Il ne peut en effet dépendre de sa mauvaise volonté, que cette formalité ne soit pas remplie.

Si l'inventaire n'a pas été fait à la requéte du grevé, dans le délai ci-dessus, il y sera procédé dans le mois suivant, à la diligence du tuteur nommé pour l'exécution, en présence du grevé ou de son tuteur, ou eux dûment appelés. Jadis, le grevé négligent encourait une perte des fruits. Cette pénalité n'a pas été reproduite par le Code ; elle ne peut se suppléer.

Lorsque ni le grevé, ni le tuteur n'ont fait dans le délai ci-dessus, procéder à l'inventaire, l'article 1067 donne pouvoir de provoquer sa confection aux personnes mentionnées dans l'art. 1057, que nous avons cité plus haut.

Les frais de l'inventaire sont pris sur les biens substitués.

3° *Vente du mobilier*. — Les meubles sont périssables de leur nature et sujets à une prompte détérioration. En faire l'objet d'une substitution serait, dans la plupart des cas, s'exposer à ne faire arriver que des non-valeurs entre les mains des appelés. Voilà pourquoi le Code civil prescrit la vente des meubles compris dans le nombre des objets substitués (1062-1064.)

Il en était de même sous l'empire de l'ordonnance de 1747. Cette règle avait cependant des exceptions, et le grevé pouvait conserver en nature:

1° Les bestiaux et ustensiles servant à faire valoir les terres et qui étaient censés compris dans les substitutions desdites terres, à charge, par le grevé de substitution, de les faire priser et estimer, pour en rendre d'une égale valeur.

Le Code range ces bestiaux et ustensiles dans la classe des immeubles par destination. Il semble donc que l'article 1064, qui reproduit la disposition de l'ordonnance est parfaitement inutile. Cependant cette critique n'est pas fondée.

En effet, à l'époque ou fut écrit l'art. 1064, le chapitre *De la distinction des biens* n'était pas fait encore et les objets dont il est ici question étaient toujours des meubles, comme sous notre ancien droit.

2° Les meubles meublants et autres choses mobilières qui servent à l'usage et ornément des châteaux et maisons qu'ils garnissent, pourvu que l'auteur de la substitution l'eût ainsi ordonné expressément.

Il fallait donc qu'il s'agît de meubles garnissant une maison ou un château; ensuite, que la substitution comprît la maison ou le château; enfin que telle fût la volonté du disposant.

L'art. 1063 reproduit cette exception en l'élargissant beaucoup.

La seule condition pour qu'on puisse se dispenser de vendre un meuble quelconque, sera maintenant que le testateur ou donateur ordonne expressément qu'on le conserve en nature.

Il existe même certains meubles que la loi n'avait pas besoin d'excepter de la règle, pour qu'on ne fût pas obligé de les vendre. Nous voulons parler des créances, actions, intérêts et autres droits, que leur nature place à l'abri des détériorations.

L'ancienne jurisprudence consacrait une troisième exception au principe que les meubles devaient être transformés en argent. Quand l'auteur de la substitution avait légué l'usufruit de tout ou partie de ses meubles, l'usufruitier ayant le droit de jouir en nature, la vente ne pouvait avoir lieu qu'à la cessation de son droit. Nous devrions aujourd'hui décider de même dans une semblable hypothèse.

La vente des meubles doit être précédée d'affiches

et faite aux enchères, avant l'expiration des six mois à compter du jour de la clôture de l'inventaire, puisque l'emploi des deniers en provenant doit être fait dans ce délai.

Elle doit être faite en présence du tuteur à la substitution, ou lui dûment appelé. Ce dernier aurait même le droit de se faire autoriser à y procéder si le grevé demeurait dans l'inaction. (Argum. de l'art. 1073).

4° *Emploi des deniers* (art. 1065-67-68). — L'emploi des deniers provenant de la vente des meubles et effets mobiliers, des deniers comptants et de ce qui aura été reçu des effets actifs, sera fait par le grevé dans le délai de six mois à compter du jour de la clôture de l'inventaire. Ce délai pourra être prolongé s'il y a lieu.

Le grevé appellera le tuteur à la substitution pour qu'il soit présent à cet emploi. Ce serait même à ce tuteur, en cas de négligence du grevé, de faire les diligences nécessaires pour réaliser l'emploi des deniers. (Article 1073.)

Cet emploi sera fait conformément à ce qui aura été ordonné par l'auteur de la substitution. L'ordonnance de 1747, en cas de substitution particulière de biens meubles, exigeait à peine de nullité, que l'auteur se fût expliqué sur ce point. Maintenant ce sera la loi qui suppléera à son silence :

Si le substituant n'a pas désigné la nature des effets, dans lesquels l'emploi doit être fait, il ne pourra l'être qu'en immeubles, soit réels, soit fictifs ; ou avec privilége sur des immeubles. — Ce dernier membre de phrase signifie qu'avec les deniers de la substitution, on désintéressera un créancier privilégié sur un immeuble. On acquerra ainsi son privilége, au moyen de la subrogation.

A défaut de privilége, on pourrait se contenter d'une première hypothèque. D'ailleurs une hypothèque peut quelquefois primer un privilége. C'est ainsi qu'en cas de concurrence entre le vendeur d'un immeuble et un créancier auquel ce vendeur aurait consenti une hypothèque sur l'immeuble vendu, le premier rang appartiendrait à ce dernier.

Les actes d'acquisition ou de prêt doivent indiquer l'origine des deniers et le but de l'opération.

II. Sauvegarde des intérêts des tiers.

5° Mesures de publicité (1069-72). — Les tiers ont le plus grand intérêt à connaître les substitutions. C'est pour eux le seul moyen de ne se point faire illusion sur la fortune du grevé, et de distinguer, parmi les biens qu'ils voient entre ses mains, quels lui appartiennent définitivement, quels ne lui appartiennent que sous une condition résolutoire. De là cette prescription de notre Code, qui ne fait en cela que continuer les traditions, que les dispositions à charge de restituer, doivent être rendues publiques.

Elles le sont, savoir :

Quant aux immeubles provenant du disposant, par la transcription de la donation ou du legs sur les registres du bureau des hypothèques du lieu de la situation; quant aux immeubles acquis en remploi, par la transcription de l'acte d'acquisition, indiquant que ces immeubles sont achetés de deniers substitués; quant aux capitaux et aux rentes avec privilége ou hypothèque sur des immeubles, par l'annotation, en marge des inscriptions déjà prises, de l'acte qui contient la substitution, ou par la mention de cet acte dans l'inscription que l'on prend pour la première fois. Même mode pour les capitaux employés de cette manière, et, de plus, mention de l'origine des deniers.

Le grevé et le tuteur à la substitution sont responsables envers les appelés de l'inobservation de ces mesures.

Le défaut de transcription ne pourra être suppléé ni regardé comme couvert par la connaissance que les intéressés pourraient avoir eue de la disposition par d'autres voies que celle de la transcription. C'est ainsi fermer la porte à une foule de procès qu'il était de la sagesse du législateur de ne pas laisser se produire.

Comme les registres hypothécaires sont publics, une fois la substitution transcrite personne ne pourra plus prétendre qu'il l'avait ignorée.

Conséquences :

Si un tiers reçoit du grevé un droit quelconque sur un bien substitué, il devra savoir que ce droit est soumis à la même condition résolutoire que celui du grevé. Les appelés pourront donc l'en dépouiller lorsque la substitution s'ouvrira.

Si le débiteur d'une créance dont la substitution a été rendue publique paye entre les mains du grevé, après l'ouverture du droit des appelés, il s'exposera à payer une seconde fois.

Sauf, dans les deux cas, le recours de ce tiers ou de ce débiteur contre le grevé, s'il y a lieu.

Si la substitution n'a pas été transcrite, au contraire : solutions diamétralement opposées, sauf recours contre le grevé et le tuteur au profit des appelés, sans que ceux-ci puissent être restitués en cas d'insolvabilité du grevé ou du tuteur. L'intérêt public avant tout. (Article 1074.)

Les personnes qui peuvent opposer aux appelés le défaut de transcription sont les suivantes :

Les créanciers du grevé, soit hypothécaires, soit chirographaires, car l'art. 1070 ne distingue pas.

Ceux qui ont acquis, à titre onéreux de ce grevé, des biens substitués ou des droits réels sur lesdits biens.

Ne le peuvent, au contraire :

Ni le grevé, qui, chargé lui-même de faire transcrire, ne saurait se prévaloir de sa négligence pour en tirer profit ;

Ni ses successeurs à titre universel, qui sont à ses obligations comme à ses droits.

Ni enfin ses ayants cause à titre particulier mais gratuit. C'était un principe admis déjà dans notre ancien droit et que l'on justifiait en disant que ces personnes n'avaient rien déboursé.

Ce droit n'a reçu aucune atteinte de la loi du 23 mars 1855 sur la transcription. L'art. 11 de cette loi, dernier alinéa, porte en effet : « Il n'est point dérogé aux dispositions du Code Napoléon relatives à la transcription des actes portant donation ou contenant des dispositions à charge de rendre ; elles continueront à recevoir leur exécution. »

De la combinaison des art. 941 et 1072 du Code civil naît une question vivement controversée :

Les donations d'immeubles doivent être transcrites, pour que les tiers ne soient pas tentés de contracter avec le donateur au sujet des biens donnés.

D'après l'art. 941, toute personne ayant intérêt, un ayant cause à titre gratuit de donateur, par conséquent, peut opposer le défaut de transcription au donataire.

Ceci posé, voici la question :

Un donateur a fait donation d'un immeuble avec charge de restitution. Le donataire grevé n'a fait transcrire la disposition ni comme donation ni comme substitution, seul cas où la question présente quelque intérêt. Un donataire postérieur du même bien peut-il opposer le défaut de transcription tant aux appelés qu'au grevé ?

Si nous n'avions que l'art. 941, l'affirmative ne serait pas douteuse; mais il y a aussi l'art. 1072, et c'est du rapprochement de ces deux articles que naît la controverse.

Ce dernier est ainsi conçu :

« Les donataires, les légataires, ni même les héritiers légitimes de celui qui aura fait la disposition, ni pareillement leurs donataires, légataires et héritiers, ne pourront, en aucun cas, opposer aux appelés le défaut de transcription ou inscription. »

Ce texte, dit-on, prévoit le cas où la disposition n'a été transcrite ni comme donation ni comme substitution. S'il ne prévoyait que la dernière hypothèse, on n'aurait pas mentionné les ayants cause du substituant, car, pour eux, tout est dit du moment que les biens sont sortis du patrimoine du disposant. Que leur importe, en effet, que ces biens soient ou non grevés de substitution, dès lors que l'on peut leur opposer la donation.

Dans cette hypothèse, l'art. 1072 décide que les ayants cause à titre gratuit peuvent très-bien opposer le défaut de transcription au grevé, mais qu'ils ne peuvent pas l'opposer aux appelés. Ce qui se comprend aisément.

Sans doute, dans le cas d'une donation pure et simple, l'art. 941 permet à tout intéressé, et par conséquent même à un ayant cause à titre gratuit du donateur, d'opposer au donataire le défaut de transcription. Cela est juste. Pourquoi ce donataire n'a-t-il pas obéi au prescrit de la loi?

Mais, quand il s'agit d'une donation grevée de substitution, le donataire postérieur se trouve en face à la fois d'un grevé et d'appelés. Le grevé n'a pas fait transcrire, Il est en faute ; on lui opposera le défaut de transcription.

Les appelés, eux, n'étaient peut-être pas même conçus au moment de la donation ; aussi raisonner contre eux comme on vient de faire contre le grevé semble trop rigoureux , bien qu'ils aient pourtant quelqu'un qui les représente. Voilà pourquoi l'art. 1072, modifiant l'article 941, a décidé que les ayants cause à titre gratuit du disposant, et leurs ayants cause aussi à titre gratuit reprendraient les biens au grevé, mais ne les reprendraient que chargés de la substitution au profit des appelés.

Voici comment M. Mourlon, à l'avis duquel nous nous rangeons , combat le système que nous venons d'exposer :

« Quand il s'agit de rendre publique une substitution, il y a deux choses à considérer : 1° *la transcription de la donation*, destinée à faire connaître aux tiers que le donataire s'est dessaisi de la propriété des biens donnés; 2° *la transcription de la substitution*, destinée à leur faire connaître que le grevé n'a, sur lesdits biens, qu'une propriété résoluble. Les personnes qui pourraient opposer le défaut de la première sont mentionnées dans l'art. 941, qui prévoit le cas où la disposition n'a pas été transcrite comme donation ; les personnes qui pourront opposer ce défaut de la seconde sont mentionnées dans l'art. 1072, qui prévoit *uniquement* le cas où la disposition n'a pas été transcrite comme substitution, quoiqu'elle l'ait été comme donation. A chacun de ces articles sa sphère d'activité.

Et, pour le démontrer, le savant auteur s'appuie sur cet argument historique :

Dans notre ancien droit il y avait, répondant au double besoin que nous avons signalé, d'un côté l'*insinuation des donations*, prescrite par l'ordonnance de 1731 ; de l'autre, *la publication et l'enregistrement des substitutions*, prescrits par l'ordonnance de 1747. Chacun de ces modes de publicité avait sa manifestation particulière ; le défaut de l'un pouvait être opposé par telle classe d'intéressés ; le défaut de l'autre par telle autre classe.

Tout intéressé, même l'héritier du donateur, pouvait opposer le défaut d'insinnation de la donation.

Quant au défaut de publication des substitutions, c'était l'art. 34 de l'ordonnance de 1747, qui désignait les personnes qui le pouvaient opposer. Cet article était ainsi conçu : « Les donataires, héritiers institués, légataires universels ou particuliers, même les héritiers légitimes de celui qui aura fait la substitution, ni pareillement leurs donataires, héritiers institués ou légitimes, et légataires universels ou particuliers, ne pourront, en aucun cas, opposer aux substitués le défaut de publication et d'enregistrement de la substitution.

Et voici quelle était l'interprétation donnée à cet art. 34 :

Comme il n'est ici question que de la publicité de la substitution, qui n'importe pas aux ayants cause du donateur, ce n'est donc point d'eux que l'on s'occupe. Ce qu'on entend par ces donataires, etc., ce sont les donataires etc., *grevés de substitution*, de sorte que nous pouvons ainsi résumer l'art. 34 : Ni le grevé de substitution, ni ses ayants cause à titre gratuit ne peuvent opposer aux appelés le défaut de publication et d'enregistrement de la substitution. Et on en donnait les motifs que nous connaissons.

Mais pourquoi l'insertion de ces mots *même l'héritier légitime?* Ils ont pour but de prévenir une fraude. Si nous supposons que le grevé soit l'héritier *ab intestat* du substituant, et qu'il ait reçu un legs à charge de restitution, on pouvait craindre qu'il ne s'avisât, n'ayant pas accompli les mesures de publicité prescrites, de raisonner ainsi : C'est comme grevé que je suis tenu de faire publier la substitution, je renonce à ma qualité de légataire et je me présente seulement comme héritier. Mais alors, comme je tiens mon titre de la loi, je recueille, même le bien légué et sans charge de restituiion. C'est cette subtilité inadmissible que l'on a voulu proscrire.

Si maintenant nous lisons l'art. 1072 du Code civil, nous voyons qu'il reproduit exactement l'art. 34 de l'ordonnance. Qu'en conclure, sinon qu'il consacre la même doctrine? Il ne s'occupe donc que du défaut de transcription de la substitution.

Et ceci se confirme :

Par la place donnée à cet article dans le chapitre des Substitutions, de même que l'art. 941 se trouve dans le chapitre des Donations.

Pour les derniers mots : *ou de l'inscription*, qui n'ont de sens qu'en matière de substitution.

Mais on nous objecte :

Pourquoi distinguer entre le donataire le légataire et l'héritier du disposant, puisque, dans notre droit actuel, tout grevé est nécessairement héritier du substituant?

Mais précisément pour prévenir la fraude dont nous venons de parler.

On nous dit encore : Mais la fin de l'art. 1072, entendu comme vous l'entendez, suppose qu'il peut s'élever un conflit entre les appelés et les héritiers du grevé ; or cela est impossible, puisque les appelés ne peuvent être que tous les enfants, c'est-à-dire les héritiers eux-mêmes du grevé !

Mais l'un des appelés peut avoir renoncé à la succession.

Conclusion : l'art. 1072 ne prévoit que le défaut de transcription de la disposition comme substitution.

L'art. 941 prévoit le défaut de publication de la donation et il permet à tout ayant cause, même à titre gratuit, du donateur, de l'opposer non-seulement au grevé mais encore aux appelés. (Mourlou, *Transcriptions*, t. II, n° 430.)

III.

EFFETS DE LA SUBSTITUTION.

§ 1. — Des droits et obligations du grevé pendant la substitution.

Le grevé, jusqu'au moment où s'ouvre la substitution, est le seul et vrai propriétare des biens substitués, seulement sa propriété est résoluble.

Conséquences :

1re. Il peut disposer des biens compris dans la substitution, les aliéner, les grever d'hypothèques ou de servitudes ; mais ces aliénations et ces droits réels seront soumis à la condition résolutoire qui affecte son droit de propriété.

Ce n'est encore que sous cette condition résolutoire que les créanciers du grevé peuvent agir sur les biens substitués. Les saisies par eux pratiquées et suivies d'expropriation forcée ne peuvent porter atteinte aux droits des appelés.

Il est cependant un créancier hypothécaire du grevé dont les droits survivent à l'ouverture de la substitution, c'est sa femme. (Art. 1054.)

« Les femmes des grevés ne pourront avoir, sur les biens à rendre, de recours subsidiaire, en cas d'insuffisance des biens libres, que pour le capital des deniers dotaux, et dans le cas seulement où le testateur ou le donateur l'aurait expressément ordonné. »

Ce texte, comparé avec les art. 44 et suivants de l'ordonnance de 1747, nous montre que le Code, tout en empruntant ce recours subsidiaire à l'ancien droit, l'a profondément modifié.

Ce n'a jamais été qu'un recours subsidiaire ; la femme, en l'invoquant, a toujours dû établir l'insuffisance des biens personnels de son mari. Mais voici les différences :

Sous l'empire de l'ordonnance, ce droit pour la femme existait à l'état d'hypothèque légale. Il faut maintenant que le disposant ait expressément ordonné qu'il en soit ainsi ;

Autrefois, cette hypothèque légale subsidiaire garantissait le capital de la dot, les fruits et intérêts qui en étaient dus au jour de la restitution ; les fonds et arrérages du douaire, tant pour la femme que pour les enfants ; le principal et les intérêts de l'augment de dot, dans les pays où cette disposition était en usage. Le recours subsidiaire du Code civil ne garantit plus que la restitution du capital de la dot. On a craint, en lui donnant une plus grande étendue, de favoriser des calculs frauduleux entre mari et femme, pour arriver à absorber complétement ou quasi les biens substitués.

Nous déciderons, comme dans l'ancien droit, que cette hypothèque est accordée aux femmes successives du grevé ; à celle qu'il aurait épousée avant la donation ou l'ouverture de la succession du testateur. Du reste, ce sera maintenant, le plus souvent, une question d'intention à résoudre en fait.

Le disposant ne peut donner au recours subsidiaire une étendue plus grande que celle que lui assigne l'article 1054. Tout dans notre matière est de rigueur et de stricte interprétation.

2° Le grevé, propriétaire des biens substitués, aura sur eux pouvoir de libre administration.

Il passera des baux, et ces baux faits sans fraude seront obligatoires, même pour une période de plus de neuf ans.

Il touchera les capitaux, les sommes provenant des arrérages et même des remboursements des rentes. Néanmoins, nous accorderions aux appelés et au tuteur nommé à l'exécution le droit de faire saisie-arrêt entre les mains des débiteurs, avec défense de payer hors de leur présence (ordonnance de 1747, art. 15), sous peine de s'exposer à payer deux fois.

Le pouvoir de toucher les créances implique celui de les céder. S'il s'agissait cependant de créances dont la substitution aurait été rendue publique, nous croyons que leur cession ne serait pas opposable aux appelés.

3ᵉ Les actions relatives aux biens substitués s'intentent par ou contre le grevé. De là cette question : quelle sera, vis-à-vis les appelés, l'autorité du jugement rendu en faveur du grevé ou contre lui ?

Les appelés pourront certainement invoquer le jugement favorable au grevé, car celui-ci a mandat de tout faire dans l'intérêt de la substitution.

Quant au jugement rendu contre lui, nous croyons, par analogie avec les art. 49 et 50 du titre II de l'ordonnance de 1747, qu'il faut, pour qu'on puisse l'opposer aux appelés, qu'il ait été rendu contradictoirement avec le tuteur à la substitution et sur les conclusions du ministère public. (C. pr., art. 474, 480.)

4ᵉ Relative à la prescription.

Lorsque les tiers ne tiennent pas leurs droits du grevé, la prescription qui s'accomplit contre le grevé majeur et capable, avant l'ouverture de la substitution, s'accomplit du même coup contre les appelés, même mineurs ou interdits, sans que les droits ainsi éteints puissent jamais revivre à leur profit.

Aucun texte ne met à l'abri de la prescription les appelés en tant qu'appelés; nous ne trouvons pas dans notre matière l'analogue de l'art. 1561, relatif aux biens dotaux inaliénables ; — la présence d'un tuteur à la substitution, qui peut agir, empêche l'application de la maxime : *Contra non valentem agere non currit præscriptio ;* — enfin on ne peut objecter la minorité des appelés, puisque ce n'est pas contre eux, mais contre le grevé, que la prescription s'accomplit.

Mais dans le second cas, c'est-à-dire lorsqu'il s'agit de tiers qui tiennent leurs droits du grevé, la prescription n'est pas opposable aux appelés, même majeurs.

C'est que celui qui prescrit se trouve alors aux lieu et place du grevé lui-même, et que pas plus que celui-ci, il ne peut prescrire contre les appelés. C'est là le cas de dire, ou jamais : *Melius est non habere titulum quam habere vitiosum.*

5ᵉ Les transactions passées par le grevé relativement aux biens substitués, ne seront opposables aux appelés que si elles ont été conclues du consentement du tuteur à la substitution, et avec les formalités prescrites pour les transactions dans lesquelles les mineurs sont intéressés.

Le grevé a aussi des obligations à remplir : il doit jouir des biens substitués en bon père de famille. Sa position, sous ce rapport, est à peu près celle d'un usufruitier. Il y a cependant quelques différences résultant de la nature même des choses et qu'il est important de noter. Ainsi :

Il est obligé de faire les grosses réparations, sauf à répéter ses impenses contre les appelés ou à se faire autoriser par la justice à contracter un emprunt dont le capital serait à la charge des appelés. (C. pr., art. 605.) C'est que le grevé est un propriétaire et que la charge de conserver pèse sur lui en cette qualité.

Quelques auteurs pensent que l'usufruitier ne peut rien réclamer pour les constructions nouvelles qu'il a établis sur le fonds soumis à l'usufruit, et ils se fondent sur ce que l'usufruitier ne devait pas bâtir sans prendre l'avis du propriétaire. Quand même nous adopterions cette opinion, nous ne l'appliquerions pas au grevé qui, propriétaire, doit avoir ses coudées franches.

En résumé, le grevé qui a fait des dépenses sur les biens substitués a droit de réclamer aux appelés : tout, s'il s'agit de dépenses nécessaires ; — jusqu'à concurrence de la plus-value, s'il s'agit de dépenses simplement utiles. En cas de dépenses voluptuaires, elles resteront à sa charge ; il n'aura que le droit d'enlever ce qui pourra être enlevé sans détérioration. Quant aux dépenses d'entretien, charge des fruits, elles ne lui donnent droit à aucune indemnité.

Il en est de même des contributions et autres versements qui se font avec les revenus.

Le grevé a droit aux fruits comme y aurait droit un usufruitier.

Nous n'userons pas ici de l'espèce d'abonnement contenu dans l'art. 585. Le grevé qui laissera une récolte sur pied aura droit à récompense pour frais de culture. Nous appliquerons dans toutes les questions de ce genre le principe d'équité absolue, dont l'art. 1403 présente un exemple.

On s'est demandé si l'on devait frapper le grevé qui abuse de sa jouissance de la déchéance prononcée en semblable circonstance, par l'art. 618 contre l'usufruitier. Nous ne le pensons pas. L'art. 618 est un article de rigueur, dont l'opportunité est fort contestable ; nous ne saurions donc, sous aucun rapport, le transporter de l'usufruit dans notre matière.

Au contraire, nous n'hésiterions pas le moins du monde à faire usage, dans le cas que nous prévoyons, du remède qu'offre l'art. 602 pour remplacer la caution que l'usufruitier ne peut pas fournir.

Terminons en disant que c'est le grevé qui supporte les frais d'enregistrement de l'acte qui contient la substitution, et qui paye les droits de mutation, tandis que les frais d'inventaire, de nomination de tuteur, de vente des meubles et de transcription sont pris sur les biens de la substitution. Ce sont là des mesures prescrites dans l'intérêt des appelés.

§ 2. — Des droits et obligations des appelés.

Leurs obligations ont pour cause les dépenses que le

grevé peut avoir faites relativement aux biens substitués. Nous en avons traité. Passons maintenant à leurs droits.

Jusqu'à l'ouverture de la substitution, les appelés n'ont qu'un droit éventuel soumis à la condition qu'ils seront, à cette époque, capables d'en recueillir le bénéfice. Mais ils peuvent, par eux-mêmes ou par les auteurs nommés à l'exécution, faire tous les actes conservatoires de leur droit.

Ici se pose cette question : les appelés peuvent-ils, par avance, renoncer au bénéfice de la substitution : peuvent-ils faire quelque pacte relatif aux biens substitués, par exemple, consentir à l'aliénation d'un immeuble compris dans la substitution ?

Voici pourquoi M. Demolombe, à l'avis duquel nous nous rangeons, adopte la négative.

Nos substitutions ne sont que des auxiliaires du régime des successions *ab intestat* : leur but est d'assurer la transmission de biens héréditaires. Elles tombent donc sous l'application des art. 791, 1130, 1600, prohibitifs de tout pacte sur successions futures.

Qu'on ne nous objecte pas que l'appelé succède plutôt au substituant qu'au grevé, car il est impossible de méconnaître que le substitué doive survivre au grevé et que ce ne soit qu'à l'ouverture de la succession de celui-ci que la substitution s'ouvre. Voilà pourquoi dans notre ancien droit déjà, on ne permettait pas la renonciation pure et simple et que plusieurs auteurs allaient même jusqu'à défendre la renonciation conventionnelle avec une autre personne que le grevé. Quant à cette renonciation avec le grevé elle était autorisée, pourvu qu'elle fût faite en forme de donation entre vifs. Elle avait alors le plus souvent l'effet d'ouvrir la substitution ; mais maintenant qu'il est toujours incertain si le nombre des substitués ne viendra pas à s'accroître, on ne pourrait plus faire valoir ce motif pour en soutenir l'utilité.

Enfin il est impossible que le Code ait autorisé le grevé contre la dissipation et la prodigalité duquel il a pris de si minutieuses précautions, à obtenir de son fils ou de sa fille à peine majeurs la renonciation aux mesures protectrices dont nous nous occupons.

§ 3. — De la caducité de la donation ou du legs. — De ses effets.

La caducité de la donation, quelle que soit sa cause, entraîne l'anéantissement de la disposition tout entière.

Il en est autrement de la caducité de l'institution d'héritier ou du legs. Ici une distinction est nécessaire.

La caducité résulte de ce que le légataire ou l'héritier institué est, au moment où s'ouvre la succession du testateur, incapable de recueillir, soit parce qu'il est déjà mort, soit pour toute autre cause.

Alors la substitution fidéicommissaire vaut comme substitution vulgaire, car il est évident que c'est accomplir la volonté du disposant que de préférer les appelés à ses héritiers légitimes. Mais elle ne s'ouvrira qu'au profit des appelés qui seront alors vivants et capables. Eux seuls en profiteront.

La caducité résulte de ce que le grevé, capable au jour du décès du testateur, répudie l'institution ou le legs.

M. Duranton admet la même solution que dans l'es-

pèce précédente : il y a cependant des raisons de dif-
férencier.

Ici la charge de rendre est attachée à une disposition
valable, et il ne peut dépendre du gratifié en premier
ordre de rendre vaine la volonté du disposant.

Supposons que le grevé soit l'unique héritier de l'auteur de la disposition, il pourra donc, à son gré, en se
tenant à sa vocation légale, se dipenser de rendre.

Voici ce que nous adoptons :

Les appelés, actuellement existants, seront en possession des biens substitués. Ce ne sera là que du provisoire, car ils devront garder sains et saufs les droits des
appelés qui pourront survenir. S'il n'y a pas d'appelés
au jour du décès, les biens resteront aux mains des personnes chargées de l'accomplissement de la disposition
testamentaire, mais grevés de la charge de rendre et ils
devront être remis au premier appelé qui naîtra.

IV.

De l'ouverture de la substitution, de ses effets.

La substitution s'ouvre :

1° Par la mort du grevé.

L'ouverture produit alors ses effets définitifs au profit
des appelés existants et capables;

2° Par l'arrivée du terme ou de la condition; ouverture
provisoire qui ne porte point atteinte aux droits des appelés qui naîtront postérieurement. (Art. 1050.)

3° Par la déchéance que prononce l'art. 1057. Nous en connaissons les effets;

4° Par la renonciation anticipée que fait le grevé à son droit de propriété. Cette cause d'ouverture ne peut préjudicier aux droits des créanciers du grevé, ni à ceux du tiers qui aurait contracté avec lui. Vis-à-vis ces deux classes de personnes elle est comme non-avenue. Elle ne porte pas non plus atteinte aux droits de ces appelés qui ne seraient pas encore nés. (Art. 1053);

5° Par la révocation de la donation pour inexécution des conditions par le donataire ou pour ingratitude de sa part. Les biens ne rentrent pas entre les mains du donateur, car l'art. 1053 dit formellement que la substitution s'ouvre quand la jouissance du grevé vient à cesser n'importe par quelle cause que ce soit. Mais l'ouverture ne sera que provisoire, réservés les intérêts des appelés futurs.

Il en serait de même en cas de révocation du legs chargé de substitution pour les causes prévues par l'article 1046 (1).

Au contraire la révocation pour cause de survenance d'enfants atteint du même coup la donation entre vifs tout entière, celle qui a été faite aux appelés comme celle qui a été faite au grevé. Elle n'ouvre pas, elle anéantit la substitution. (Art. 960) ;

---

(1) Le donateur pourrait aussi demander la révocation pour cause d'ingratitude contre celui des appelés qui serait rendu coupable envers lui. L'appelé est, en effet, un donataire, quoique en second ordre. — Si la subtitution avait été faite par testatement, la révocation pourrait être prononcée, après la mort du testateur, sur la demande de ses héritiers, contre l'un des appelés pour semblable cause. — Idem en cas d'inexécution des conditions.

6° Par la déclaration d'absence du grevé, à moins que son conjoint n'opte pour la continuation de la communauté. (Art. 124).

L'ouverture de la substitution ne saisit pas de plein droit les appelés des biens fidéicommissés. Tel était l'ancien droit et rien ne fait supposer que le Code ait entendu innover sur ce point.

Une dernière observation pour terminer :

Les appelés sont maintenant les héritiers légitimes du grevé. S'ils acceptent purement et simplement sa succession, ils ne pourront agir en résiliation des droits et aliénations qu'il a consentis : *Quem de evictione tenet actio eumdem agentem repellit exceptio.*

L'art. 31 du titre II de l'ordonnance de 1747 permettait au contraire, à l'appelé, quoique héritier pur et simple du grevé vendeur, de revendiquer les biens que celui-ci aurait aliénés, sans néanmoins, ajoutait cet article, qu'il puisse déposséder l'acquéreur, qu'après l'avoir remboursé entièrement du prix de l'aliénation, frais et loyaux coût.

Notre Code n'a pas reproduit cette dérogation aux principes généraux du droit, sous l'empire desquels nous restons donc complétement. Elle était d'ailleurs fondée sur une considération qui maintenant a bien perdu de sa valeur : le désir de conserver les biens dans les familles.

POSITIONS.

DROIT ROMAIN.

I. L'objet des imputations à faire sur la quarte pégasienne comprend non-seulement ce que l'héritier a reçu *jure hereditario*, mais encore ce qu'il a reçu du *de cujus* à quelque titre que ce soit : *jure legati, vel fideicommissi*, etc. C'est une différence entre cette quarte et la quarte falcidie.

II. Le droit pour l'héritier de retenir la quarte sur les fidéicommis particuliers est le résultat de l'interprétation des jurisconsultes, et bien antérieurs au sénatus-consulte pégasien.

III. Les lois 1, § 9, *De leg.* 3°; ch. 61, § 1, *De leg.* 2°, du jurisconsulte Ulpien, ne sont point en antinomie et se concilient parfaitement entre elles.

IV. C'est une conséquence de la législation de Justinien que l'on puisse désormais mettre un legs à la charge d'un légataire.

DROIT FRANÇAIS.

I. La sanction de la prohibition de substituer consiste dans la nullité de la disposition tout entière. (Art. 896.)

II. Il y a substitution alors même que c'est son héritier *ab intestat* que le disposant a choisi pour grevé ou pour appelé.

III. Le droit de retour stipulé au profit de tout autre personne que le donateur constitue une substitution prohibée. En conséquence la donation elle-même est frappée de nullité (Art. 941 et 896 combinés.)

IV. Tout moyen de preuve est recevable pour établir l'existence d'une substitution prohibée.

V. L'art. 1072 du Code civil prévoit le cas où la disposition transcrite comme donation ne l'a pas été comme substitution : il ne modifie donc en rien l'art. 941 du même Code.

VI. La prescription acquise contre le grevé est opposable aux appelés alors même qu'ils sont mineurs, pourvu que le prescrivant ne tienne pas son titre de grevé. Alors en effet la prescription ne pourrait s'opposer à des appelés même majeurs.

VII. *Point d'histoire :*
L'origine de l'hypothèque subsidiaire de la femme sur

les biens, que son mari détient comme grevé, est le résultat d'une interprétation erronée de la Novelle XXXIX chapitre I, qui, en réalité, ne parle que du droit, pour le grevé lui-même, de se constituer une dot, ou un augment de dot, sur les biens, qu'il est chargé de rendre.

Positions sur les diverses parties du droit en général.

DROIT PUBLIC.

Un étranger naturalisé en France n'a pas besoin qu'une loi ait été portée pour l'autoriser à siéger au Sénat ou au Corps Législatif.

DROIT DES GENS.

Le décret impérial des 28-29 avril 1856, abolitif de la course maritime consacre une véritable amélioration du droit des gens.

DROIT CRIMINEL.

I. Il ne faut point étendre au crime d'incendie les définitions contenues dans les art. 390 et 392 du Code pénal, qui assimilent, en ce qui concerne le vol, d'une maison habitée, toutes les dépendances comprises dans les clôtures ou enceinte générale.

II. Le défenseur de l'accusé ne peut pas s'opposer à ce que le président de la Cour d'assises pose d'office la question d'excuse.

Vu par le Président de la thèse,
MACHELARD.

Vu par l'Inspecteur général délégué,
CH. GIRAUD.

Permis d'imprimer :

Le Vice-Recteur de l'Académie,
A. MOURIER.

9 782329 022598